T0131834

Strategien entwickeln

Stefan Kühl

Strategien entwickeln

Eine kurze organisationstheoretisch informierte Handreichung

Stefan Kühl

Metaplan
Quickborn, Deutschland

Universität Bielefeld
Bielefeld, Deutschland

ISBN 978-3-658-13304-7   ISBN 978-3-658-13305-4 (eBook)
DOI 10.1007/978-3-658-13305-4

Die Deutsche Nationalbibliothek verzeichnet diese Publikation in der Deutschen
Nationalbibliografie; detaillierte bibliografische Daten sind im Internet über
http://dnb.d-nb.de abrufbar.

Springer VS
© Springer Fachmedien Wiesbaden 2016

Lektorat: Katrin Emmerich, Jennifer Ott

Gedruckt auf säurefreiem und chlorfrei gebleichtem Papier

Springer VS ist Teil von Springer Nature
Die eingetragene Gesellschaft ist Springer Fachmedien Wiesbaden GmbH

Inhalt

Vorwort | 1

1 Die Strategie – was ist das?
   Mittelfindungs-Mobilisierungs-Ansatz –
   Mitteloptimierungssuche | 7
1.1 Bestimmung von Strategien
     über das Zweck-Mittel-Schema | 9
1.2 Strategie als Teil der Organisationsstruktur | 13

2 Die Verlockungen und die Grenzen
   eines zweckrationalen Ansatzes | 33
2.1 Darstellung des Standardvorgehens | 34
2.2 Zur Popularität eines zweckrationalen
     Zugangs zur Strategiediskussion | 36
2.3 Die Grenzen eines zweckrationalen Zugangs | 38

3 Strategieentwicklung jenseits eines maschinenartigen
   Verständnisses von Organisationen | 57
3.1 Emergenz der Vorgehensweise | 58

3.2 Die Suche nach Mitteln für Zwecke und
die Suche nach Zwecken für vorhandene Mittel | 62
3.3 Strategische Erprobungen – die Aufhebung
der Trennung von Strategieentwicklung
und Strategieimplementierung | 65
3.4 Die Prozess-Architektur für die Entwicklung
von Strategien – die Auflösung des klassischen
Phasenmodells | 67

4 Zur Einordnung von Strategieprozessen –
Zwecke als ein Strukturierungsmerkmal
unter anderen | 71

Literaturverzeichnis | 75

Lektürehinweise – für ein organisationstheoretisch
informiertes Verständnis von Organisationen | 85

Vorwort

Den Begriff Strategie führt man ganz selbstverständlich im Munde. Kaum ein Unternehmen, eine Verwaltung, eine Hochschule oder ein Krankenhaus scheint auf die Formulierung einer Strategie verzichten zu wollen. Regelmäßig werden die Führungskräfte zu Strategieklausuren gerufen, in denen die Ausrichtung ihrer Organisation diskutiert werden soll. Und inzwischen gehören Fortbildungen zu Strategieentwicklung und Strategieimplementierung zum Standardprogramm fast aller betriebswirtschaftlichen Ausbildungsgänge.

Auch wenn die meisten Strategiebücher für Praktiker sich auffällig ähneln, darf nicht übersehen werden, dass sich in der Organisationswissenschaft eine heftige Debatte über die strategische Vorgehensweise in Organisationen entfacht hat. Das klassische strategische Management, die dabei unterstützend tätigen Strategieberatungsfirmen und die üblicherweise eingesetzten Strategiewerkzeuge seien – so die wissenschaftliche Kritik – viel zu sehr von einem maschinenartigen Verständnis von Organisationen geprägt. Organisationen würden in den klassischen Strategiekonzepten lediglich von einem einzigen Zweck aus gedacht werden, der als Richtschnur für alles organisatorische Handeln herhalten müsse. Für die Erreichung dieses Zweckes würde dann im Strategieprozess nach

den geeigneten Mitteln – den »optimalen Kommunikationswegen«, den »richtigen Programmen« und dem »geeigneten
Personal« – gesucht werden.

Aber leider – so die Kritik aus der Organisationswissenschaft – sei die Sache so einfach nicht. Die Realität von Organisationen sehe ganz anders aus als in den idealisierten Beschreibungen der Strategieberater. Organisationen seien sich
über ihre Ziele häufig nicht im Klaren. Leitbilder, die Orien-
tierungspunkte liefern sollen, gäben häufig nur Allgemein-
plätze wieder, die letztlich von allen Organisationen einer
Branche so vertreten werden könnten. Das Personal in den
unterschiedlichen Bereichen und Abteilungen tue so, als
wenn es die Ziele der Organisation teilen würde, verfolge aber
ganz eigene Interessen. Das Leben in Organisationen sei viel
wilder, als es das in der Ratgeberliteratur dominierende me-
chanistische Verständnis von Organisationen nahe lege.

Ziel dieses kleinen Buches in der Reihe Essentials ist es,
aufzuzeigen, wie die Entwicklung von Strategien jenseits eines vereinfachten, maschinenartigen Verständnisses von Organisationen aussehen kann. Aus der systemtheoretischen
Organisationswissenschaft wissen wir, dass solche Ausrich-
tungen an Zwecken in Organisationen zwar vorkommen,
dass dies aber nur eine von vielen Formen der Strukturierung von Organisationen ist. Statt die ganze Organisation als
Zweck-Mittel-Kette zu denken, zeigen wir, wie die Entwicklung und Umsetzung von Strategien aussehen kann, wenn
Zweckkonflikte, Zweckwechsel und Zweck-Mittel-Verdrehungen an der Tagesordnung sind oder Zwecke nur der De-
koration dienen.

Im ersten Kapitel beschreiben wir Strategie als einen Suchprozess zum Finden geeigneter Mittel für einen vorher definierten Zweck, und die Prozesse der Strategiefindung und
Strategieimplementierung werden mit Hilfe der Systemtheorie in ein übergeordnetes Verständnis von Organisations-

strukturen eingefügt. Im zweiten Kapitel wird dargestellt, wie
die lange Zeit dominierende Strategieschule – die sogenannte Design School – einem zweckrationalen Organisationsbild
anhängt, worin die Popularität dieses Zugangs liegt und
warum er an seine Grenzen stößt. Im dritten Kapitel wird
dann – auch unter Rückgriff auf Innovationen aus der kriti-
schen Strategieforschung – präsentiert, wie eine Strategieentwicklung jenseits eines zweckrationalen Verständnisses von
Organisationen aussehen kann. Im vierten Kapitel, dem Fa-
zit des Buches, wird gezeigt, warum – bei aller in der Forschung inzwischen üblichen Relativierung – die Orientierung
an Zwecken als eine wichtige Form der Strukturierung von
Organisationen verstanden werden muss und wie eine solche
Orientierung im Rahmen von Strategieprozessen in ein sys-
temtheoretisches Verständnis von Organisationen passt.

Dieses Buch haben wir vorrangig für Praktiker in Unternehmen, Verwaltungen, Krankenhäusern, Universitäten,
Schulen, Armeen, Polizeien, Parteien oder Vereinen geschrieben. Wir stützen uns bei der Darstellung der Vorgehensweise auf langjährige Erfahrungen mit der Strategieberatung von
Organisationen. An einzelnen Stellen zeigen wir dabei immer wieder, wo die von uns propagierte Vorgehensweise bei
der Entwicklung von Strategien von der häufig noch gängigen
Praxis abweicht und in welcher Form wir an Überlegungen
der neueren Organisationsforschung anknüpfen.

Auch wenn das Buch aus der Praxis und für die Praxis geschrieben wurde, ist es unser Anspruch, dass die von uns vor-
gestellten Überlegungen mit den modernen Ansätzen der
Systemtheorie abgestimmt sind. Sicherlich – man darf die
grundlegend unterschiedlichen Denkweisen und Verwer-
tungszusammenhänge von Organisationstheorie auf der einen und Organisationspraxis auf der anderen Seite nicht aus
dem Blick verlieren. Die Kluft zwischen Organisationswissenschaft und Organisationspraxis wird nicht grundsätzlich auf-

zuheben sein (siehe für die Management Studies Kieser und Leiner 2009; für die Organisationssoziologie Kühl 2003).

Unser Anspruch besteht jedoch besonders im dritten Kapitel darin, eine in der Praxis erprobte Vorgehensweise so zu präsentieren, dass sie sich nicht sofort wegen eines verkürzten Organisationsverständnisses das mitleidige Lächeln einschlägiger Wissenschaftler einhandelt (siehe beispielhaft March 2015, S. 153 f.). An der einen oder anderen Stelle besonders im ersten und im zweiten Kapitel haben wir sogar den Anspruch, über den bisherigen Forschungsstand hinauszugehen, sodass auch für Organisationswissenschaftler vielleicht die eine oder andere Anregung mit dabei ist – zum Beispiel bei der systemtheoretisch informierten Definition von Strategien und der Einordnung der Strategiediskussion in die Forschung über die Grenzen zweckrationaler Organisationen hinaus.

In diesem Essential haben wir darauf verzichtet, einzelne Strategietools ausführlich zu präsentieren. In den meisten Strategiebüchern werden die mehr oder minder gleichen Strategietools – von der Stakeholder-Analyse über die SWOT-Analyse bis zu Blue Ocean – immer wieder neu dargestellt, und es gibt inzwischen eine Reihe von Strategiebüchern, die nichts anderes leisten, als einen kompakten, aber in der Regel auch wahllosen Überblick über diese Strategietools zu geben. Wer sich dafür interessiert, wie sich einzelne bekannte Strategietools in unsere Vorgehensweise integrieren lassen, sei auf unsere »Metaplan-Methoden-Box« verwiesen.

Dieses kleine Buch ist Teil einer Reihe, in der wir auf der Basis der modernen Organisationstheorie für Praktiker die Essentials zu einem zentralen Management-Thema darstellen. Neben diesem Band »Strategien entwickeln« sind auch noch Bücher zu den Themen »Organisationen gestalten«, »Leitbilder erarbeiten«, »Projekte führen« und »Märkte explorieren« erschienen. Diese Bücher können jeweils einzeln gelesen werden, wenn man als Praktiker oder Praktikerin mit einer spezifischen Problemstellung in seiner Organisation konfrontiert ist. Die Bücher sind so aufeinander abgestimmt, dass sich bei der Lektüre ein kohärentes, abgestimmtes Bild von der Funktionsweise von Organisationen und den Einflussmöglichkeiten darauf ergibt. Weil wir diese Bücher in einem Guss geschrieben haben, werden aufmerksam Lesende zwischen den Büchern immer wieder verwandte Gedankengänge und ähnliche Formulierungen finden. Diese Überschneidungen werden von uns bewusst eingesetzt, um die Einheitlichkeit des zugrunde liegenden Gedankengebäudes und die Verbindungen zwischen den verschiedenen Büchern hervorzuheben.

Wir nutzen in diesem Buch – genauso wie in allen anderen unserer Bücher in der Essentials-Reihe – neben einigen sehr sparsam eingesetzten Graphiken lediglich ein einziges Element, das die Lektüre des Buches erleichtern soll. In kleinen Kästen führen wir einerseits Beispiele an, die unsere Gedanken konkretisieren, und andererseits nutzen wir Kästen dafür, um ausführlicher Anschlüsse an die Organisationstheorie zu markieren. Wer wenig Zeit hat oder sich für diese Aspekte nicht interessiert, kann auf die Lektüre dieser Kästen verzichten, ohne dass dadurch der rote Faden verloren geht.

Die Grundlagen für die Überlegungen zur Entwicklung von Theorien sind in dem Buch »Organisationen. Eine sehr kurze Einführung« entwickelt worden. Zum Verständnis von Strategieprozessen übernehmen wir dabei besonders die Überlegungen über Zweckkonflikte, Zwecke als Dekorationen, Zweckwechsel, Zweck-Mittel-Verdrehungen und das nachträgliche Suchen nach Zwecken (Kühl 2011, S. 54 ff.). Durch die Herstellung von detaillierten Querverbindungen soll gezeigt werden, wie produktiv man die in der Organisationsforschung prominent geführte Diskussion über Zweck-Mittel-Schemata für die Strategiediskussion nutzen kann. Wer sich für empirische Untersuchungen zu Strategien interessiert, kann diese im Buch »Sisyphos im Management. Die vergebliche Suche nach der optimalen Organisationsstruktur« nach-lesen (Kühl 2015b).

Dieses Buch wurde im Rahmen des Qualifizierungspro-gramms »Führen und Beraten im Diskurs« der Firma Meta-plan entwickelt. Den Teilnehmerinnen und Teilnehmern, die die hier vorgestellte Vorgehensweise nicht nur immer wie-der kritisch hinterfragt haben, sondern auch ihre Erfahrun-gen aus der Praxis eingebracht haben, sei für die vielfältigen Impulse gedankt.

1 Die Strategie – was ist das? Mittelfindungs-Mobilisierungs-Ansatz – Mitteloptimierungssuche

K aum ein Wort wird im Management so leichtfertig verwendet wie der Begriff der Strategie. Es ist die Rede
von Strategien als »Aktionskurse für die Zukunft« (Schnelle
2006, S. 11 ff.), von einem »Muster, einem über die Zeit hin-
weg konsistente[n] Verhalten« (Mintzberg 1978, S. 934), von
einer »einzigartigen, neuen Position, die ein Unternehmen
anstrebt« (Kolbusa 2012, S. 7) oder von einem »Bündel von
Richtlinien, wie mit einer Situation umzugehen« ist (Mintzberg 2014, S. 3). Strategie wird bestimmt als »eine Regelmäßigkeit in einem Strom von Entscheidungen« (Mintzberg und
Waters 1985, S. 257), als eine »geplante Evolution« (Kirsch 1997,
S. 654) eines Unternehmens oder als Plan, mit dem die »zentralen Ziele, Richtlinien und Handlungen in ein kohärentes
Ganzes integriert werden« (Quinn 2014, S. 9).

Weil in dem Wort Strategie eine Zukunftssuggestion steckt,
wird es von Organisationspraktikern häufig verwendet, wenn
etwas als besonders erfolgskritisch erscheinen soll. »Strategisches Einkaufsmanagement« kommt gewichtiger daher als
einfach »Einkaufsmanagement«, »strategisches Personalmanagement« gibt der Einstellung und Entlassung von Personen in Organisationen gleich eine besondere, weil auf die
Zukunft ausgerichtete Bedeutung, und das Wort »Strategie-

beratung« verspricht Beratern höhere Tagessätze, als wenn sie lediglich »Organisationsberatung« anbieten. Das Wort »strategisch« scheint sich fast beliebig jedem Begriff des Managements voranstellen zu lassen, um Wichtigkeit zu signalisieren, ohne dass aber klar wird, wie sich der Sinngehalt der Aussage verändert, wenn man das Adjektiv einfach weglassen würde (Neus und Nippel 1996, S. 423; siehe dazu Nicolai 2000, S. 13).

Angesichts der verwirrenden Verwendung des Wortes Strategie ist es nachvollziehbar, dass selbst gestandene Organisationswissenschaftler versuchen, sich dem Phänomen Strategie mit dem Gleichnis von den blinden Männern und dem Elefanten zu nähern. In diesem indischen Gleichnis versucht eine Gruppe von Blinden durch das Ertasten des Elefanten zu begreifen, um was für ein Tier es sich handele. Weil jeder jeweils nur ein Körperteil berührt, kommt es zu unterschiedlichen Deutungen. Je nach befühlten Körperteilen behaupten sie, dass der Elefant ein Baum, ein Fächer, eine Wand, ein Seil, ein Speer oder eine Schlange sei. Auch bei der Auseinandersetzung mit Strategie würde man je nach Perspektive ganz unterschiedliche Sachen ersehen (vgl. Mintzberg 1987). Dem einen erscheint Strategie als Plan, mit dem Herausforderungen für die Organisation gemeistert werden müssen, einem anderen als Muster von Verhaltensweisen. Für einen Dritten ist Strategie vorrangig die bewusste Positionierung einer Organisation in ihrem Umfeld, während ein anderer den Begriff Strategie interpretiert als die Perspektive, aus der eine Organisation die Welt zu sehen beschließt (siehe für das Elefanten-Gleichnis auch Mintzberg et al. 2005, S. 2 ff.).

Konsequenterweise wird in der überwiegenden Anzahl der Arbeiten zu Strategie gleich darauf verzichtet, diesen Begriff präzise zu definieren. Selbst Bücher, die »What is Strategy« (Whittington 1993) heißen, liefern keine exakte Bestimmung und somit auch keine Abgrenzung gegen andere Begriffe der Organisationsforschung. Aus der Perspektive von Praktikern mag die Unbestimmtheit eines Begriffs wie Strategie kein Problem sein. Es gehört zur alltäglichen Praxis in Organisationen, dass wohlklingende Wörter erfunden werden, die von Mitgliedern der Organisation fast beliebig ausgedeutet werden können. Das Reden in Organisationen ist so stark geprägt von fast beliebig definierbaren Begriffen wie »Synergieeffekten«, »proaktives Leadership«, »Win-Win-Situationen« oder »Paradigmenwechsel«, dass eine sehr lockere Verwendung der Wörter »strategische Ausrichtung« oder »strategisches Management« gar nicht auffällt. Für eine tiefer gehende Auseinandersetzung mit Strategien ist eine solche Beliebigkeit der Bestimmung dessen, was Strategie ist, jedoch problematisch. Wenn der Begriff der Strategie unter- oder unbestimmt bleibt, kann er nicht zu anderen Begriffen, die für die Beschreibung von organisationalen Phänomenen genutzt werden, in ein Verhältnis gesetzt werden. Deswegen wird hier aus einer systemtheoretischen Perspektive vorgeschlagen, genau zu definieren, was Praktiker meinen, wenn sie von Strategie reden und schreiben.

1.1 Bestimmung von Strategien über das Zweck-Mittel-Schema

Aus einer systemtheoretischen Perspektive bezeichnet Strategie das *Suchen nach geeigneten Mitteln zur Realisierung eines vorher definierten Zwecks. Strategieformulierung* (oder Strategieentwicklung) wäre aus dieser Perspektive der Prozess der Suche nach dem geeigneten Mittel (siehe früh schon Schreyögg 1984, S. 246). *Strategieumsetzung* (oder Strategieimplementation) wäre der Prozess des Einsatzes der als geeignet identifizierten Mittel, um den vorher definierten Zweck zu erreichen. Das, was quasi im Schatten der offiziellen Suche nach Mitteln zur Erreichung eines festgelegten Zwecks ab-

läuft, würde man als Prozess der Strategieformulierung bezeichnen.

Erst mit dieser präzisen Definition kann man die Strategiedebatte an die für die Organisationsforschung so rele-
vante Auseinandersetzung über das Verhältnis von Zwecken
und Mitteln anschließen (siehe z.B. früh schon Thompson
und McEwen 1958; Perrow 1961; Luhmann 1964b; Gross 1969;
Georgiu 1973). Unter einem *Zweck* – oder synonym: unter einem Ziel – wird in der Organisationsforschung ein genau de-
finierter Zustand verstanden, der erreicht werden soll. Als
Mittel werden die möglichen Wege angesehen, mit denen dieser Zustand erreicht werden kann. Wenn Zwecke eine Suche
nach Mitteln anleiten sollen – also in der Organisation Struk-
turierungswirkung entwickeln sollen –, dann müssen sie so
genau spezifiziert werden, dass sich feststellen lässt, ob sie erreicht wurden oder nicht. Dafür muss der Inhalt (Was soll erreicht werden?), das Ausmaß (Wie viel soll erreicht werden?),
der zeitliche Rahmen (Wann soll etwas erreicht werden?), der
personelle Bezug (Wer ist verantwortlich, dass der Zweck erreicht wird?) und der räumliche Bezug (Wo soll er erreicht
werden?) bestimmt werden (siehe dazu Wild 1981, S. 58).

In betriebswirtschaftlichen Definitions-Büchern wird eher
von Zielen statt von Zwecken gesprochen (z.B. früh Ulrich 1970,
S. 114). Es ist in der Organisationstheorie aber überzeugend her-
ausgearbeitet worden, dass eine begriffliche Trennung von Zwecken und Zielen keinen Sinn macht und man die Begriffe synonym
verwenden kann (so z.B. schon Mayntz 1963, S. 58).

Wenn man sich in der betriebswirtschaftlichen Literatur mit dem
Charakter von Zielen beschäftigt, behandelt man die gleichen Fra-

gen wie Soziologen, wenn sie den Charakter von Zweckprogrammen bestimmen. So können Beispiele für die Operationalisierung eines Ziels (siehe z. B. Wild 1981, S. 58) auch als typisches Beispiel für die Bestimmung eines Zweckprogramms gelesen werden:

Zielinhalt: Erhöhung des Marktanteils
Zielausmaß: 5 %
Zeitlicher Bezug: Ende des laufenden Geschäftsjahres
Personeller Bezug: Niederlassungsleiter Südostasien
Räumlicher Bezug: Regionalmarkt Südostasien

Zwecksetzungen führen immer zu einer beträchtlichen Verengung des Horizonts einer Organisation. Sie konzentrieren die Perspektive der Organisation auf einige wenige wichtig erscheinende Aspekte und blenden alles andere aus. Jede Zwecksetzung hebt einen Aspekt ganz besonders hervor, allerdings immer auf Kosten der Vernachlässigung, wenn nicht sogar Schädigung einer Vielzahl anderer möglicher Aspekte. Insofern lassen sich Zwecke – oder anders ausgedrückt Ziele – als »Scheuklappen« der Organisation bezeichnen (Luhmann 1973, S. 46). Genauso wie Pferde aufgrund der seitlichen Position der Augen ein sehr weites Sichtfeld haben, haben auch Organisationen – jedenfalls prinzipiell – die Möglichkeit, ihren Horizont fast beliebig zu erweitern. Genauso wie die Blendklappen bei Pferden verhindern, dass sie von der Seite oder von hinten abgelenkt werden, verhindern Zwecksetzungen, dass die Organisationen durch eine Vielzahl anderer Möglichkeiten irritiert werden.

Durch ihre Zwecksetzungen – ihre Scheuklappen – gewinnt eine Organisation auf dem »Bildschirm ihrer Zwecke« ein stark vereinfachtes Bild ihrer Umwelt (Luhmann 1973,

S. 192). Ist es das Ziel eines Unternehmens, Marktführer für Computer-Festplatten zu werden, dann braucht es sich über alternative Märkte wie den für Bildschirme oder Rechnereinheiten keine Gedanken zu machen. Hat eine Armee den Zweck, die eigene Bevölkerung vor Angriffen benachbarter Staaten zu schützen, dann braucht die Armeeführung für alternative Zwecke wie die Bekämpfung von Aufständen im Inneren oder die Vorbereitung von Militärinterventionen im Ausland keine Ressourcen einzuplanen.

Diese Verengung des Horizonts durch Zwecksetzungen hat eine weitere wichtige Funktion: Sie fokussiert die Kräfte auf die Erreichung des Zweckes und mobilisiert die Phantasie, mit welchen Mitteln der Zweck am besten zu erreichen ist. Wenn sich eine Fakultät für Betriebswirtschaftslehre das Ziel setzt, die »besten« Bachelorabsolventen eines Landes für ihr Masterprogramm zu rekrutieren, dann setzt dies bei Administratoren und Lehrenden Phantasien in Gang, mit welchen Mitteln man diese Studierenden für die Fakultät gewinnen könnte. Wenn ein Unternehmen das Ziel hat, zu den drei Weltmarktführern für landwirtschaftliche Nutzfahrzeuge zu gehören, vergleicht es sich in einem sogenannten »Benchmarking« mit anderen Unternehmen der Branche, um herauszufinden, ob es vielleicht nicht noch geeignetere Mittel zur Produktion von Traktoren gibt.

In der Suchlogik gilt dabei das Sprichwort »Der Zweck heiligt die Mittel« (Luhmann 1973, S. 46). Schließlich ist es ja die Funktion von Zwecken, möglichst viel Phantasie bei der Auswahl geeigneter Mittel zu mobilisieren. Aber in der Regel ist das Spektrum der Mittel, das zur Zweckerreichung eingesetzt werden darf, immer begrenzt. Wenn das Management eines Herstellers von Wasserkraftwerken als Zweck verkündet, die Märkte in Griechenland und der Türkei zu erobern, dann ist es zumindest fraglich, ob Bestechung als legitimes Mittel akzeptiert werden würde, um dieses Ziel zu erreichen.

Diese Suche nach den besten Mitteln, um einen Zweck zu erreichen, wird in der Organisationsforschung mit einem speziellen Begriff bezeichnet: »*Zweckrationalität*«. Die Rationalität bezieht sich dabei *nicht* auf die Auswahl des Zweckes. Dieser ist gesetzt. Vielmehr geht es um die Suche nach den geeigneten Mitteln für die Erreichung des Zweckes. Die Zwecke einer Organisation selbst können den Beobachtern höchst fragwürdig erscheinen – die Errichtung von Straflagern für politisch Andersdenkende, die Ausbildung von Selbstmordattentätern oder die Herstellung von Haarsprays. Trotzdem würde man der Organisation ein hohes Maß an Zweckrationalität zugestehen, wenn sie bei der Wahl der Mittel für die Zweckerreichung möglichst effizient und effektiv vorgeht. Es handle, so eine prominente Formulierung des deutschen Soziologen Max Weber, derjenige zweckrational, der erst verschiedene Zwecke gegeneinander abwägt, dann die günstigsten Mittel zur Erreichung der definierten Zwecke wählt und in dem Auswahlprozess mögliche unerwünschte Nebenfolgen mit in Betracht zieht (Weber 1976, S. 13). Die klassische Strategielehre steht ganz in der Tradition dieses zweckrationalen Herangehens.

Welchen Platz nimmt ein so konzipierter Strategiebegriff in einem grundlegenden Verständnis von Organisationsstrukturen ein?

1.2 Strategie als Teil der Organisationsstruktur

Organisationsstrukturen sind, so Herbert A. Simon, Entscheidungen, die als Prämissen – als Voraussetzungen – für andere Entscheidungen in der Organisation dienen (Simon 1957, S. 34 ff.). Bei Organisationsstrukturen geht es also immer um solche Entscheidungen, die sich nicht in einem einzelnen Ereignis verbrauchen, sondern die eine Vielzahl künftiger Entscheidungen in der Organisation prägen. Die Entscheidung eines Wartungsarbeiters, die ausgefallene Maschine in einem Fertigungsbereich zu reparieren, ist noch keine Entscheidungsprämisse, weil sie nur für dieses eine Ereignis relevant ist. Aber es ist eine Entscheidungsprämisse, wenn die Geschäftsführerin entscheidet, dass bei allen Maschinenausfällen in einem Fertigungsbereich innerhalb von zehn Minuten ein Mitglied der Wartungsmannschaft vor Ort zu sein hat (vgl. Luhmann 1988, S. 172).

Bei der Betrachtung von Entscheidungsprämissen ist es wichtig, deren Bedeutung auf den drei Seiten der Organisation ins Blickfeld zu nehmen. Auf der *formalen Seite* wird die Akzeptanz von Erwartungen der Organisation zur Mitgliedschaftsbedingung gemacht. Man muss den offiziell formulierten Erwartungen – wenigstens verbal – gerecht werden, sonst riskiert man seine Mitgliedschaft. Aber die formale Seite ist nicht alles. Viele Erwartungen werden nicht durch eine Entscheidung formalisiert, sondern sie spielen sich langsam ein. Das ist die *informale Seite* der Organisation. Dazu kommt noch die *Schauseite* der Organisation. Das ist die Fassade, die sich eine Organisation nach außen gibt.

Im Anschluss an Herbert Simon hat es sich in der Organisationswissenschaft durchgesetzt, drei grundlegend verschiedene Strukturtypen zu unterscheiden. Der erste Typ sind *Entscheidungsprogramme.* Dazu lassen sich beispielsweise betriebswirtschaftliche Zielsysteme, Dienstanweisungen, EDV-Programme oder Policies zählen. Mit ihnen wird festgelegt, welches Handeln in Organisationen als richtig und welches als falsch anzusehen ist. Den zweiten Typ stellen *Kommunikationswege* dar. Zu ihnen gehören etwa die Geschäftsordnung, die Aufgabenteilung, die Informationswege, die Mitzeichnungsrechte, der hierarchische Aufbau und die Unterschriftsregelungen. Hier wird festgelegt, auf welche Art und auf welchen Bahnen in der Organisation kommuniziert werden

Grafik 1 Die Strukturmatrix zur Analyse von Organisationen – Formale Zweckprogramme als Ausgangspunkt

Organisationen gestalten

	Kommunikationswege	Programme	Personal
Schauseite		Strategien sind meistens Mittelsuch-programme für vorher definierte formale Zwecke. Manchmal sind Strategieentwicklungen jedoch vorrangig für die Schauseite gedacht, manchmal entwickeln sie sich informal – quasi im Schatten der Formal-struktur.	
Formale Seite			
Informale Seite			

kann oder muss. Als dritten Typ von Strukturen bzw. Entscheidungsprämissen kann man *Personal* begreifen. Zugrunde liegt die Überlegung, dass es für künftige Entscheidungen einen Unterschied macht, mit welcher Person (oder welchem Typ von Person) eine Position besetzt wurde (vgl. ausführlich Luhmann 2000, S. 211 ff.).

Programme – der erste Strukturtypus – bündeln Kriterien, nach denen entschieden werden muss. Sie legen fest, was man in einer Organisation tun darf und was nicht. Insofern haben Programme die Funktion, bei Fehlern Schuld zurechenbar zu machen und so Vorwürfe in der Organisation zu verteilen. Wenn eine Mitarbeiterin nicht das durch ein Programm vorgegebene Ziel einer 10 %igen Umsatzsteigerung erreicht, kann sie zwar Ausflüchte suchen, aber letztlich ist es legitim, den Fehler zuerst bei ihr zu suchen. In Organisationen gibt es dabei zwei prinzipiell verschiedene Programmtypen: Konditional- und Zweckprogramme (vgl. kompakt Luhmann 2000, S. 260 ff.).

Konditionalprogramme legen fest, was getan werden muss, wenn in einer Organisation ein bestimmter Impuls wahrgenommen wird. Wenn beispielsweise in der Fließbandmontage bei einer Montagestation ein vormontiertes Teil ankommt, dann muss gemäß einem durch die Firma vorgegebenen Konditionalprogramm eine spezifizierte Handlung vorgenommen werden. Wenn ein Antrag auf Arbeitslosengeld bei einer Agentur für Arbeit eingeht, dann kann der Sachbearbeiter nach den gesetzlich grundlegend geregelten und durch die Agentur spezifizierten Konditionalprogrammen genau identifizieren, ob dies als Anlass für die Zahlung von Arbeitslosengeld gelten kann. Bei Konditionalprogrammen gibt es mithin eine feste Kopplung zwischen der Bedingung einer Handlung – dem »Wenn« – und der Ausführung einer Entscheidung – dem »Dann«. Dabei ist die Vorgehensweise genau festgelegt: Das Programm bestimmt, was zu tun ist – und was nicht ausdrücklich erlaubt ist, ist bei Konditionalprogrammen verboten.

Zweckprogramme dagegen legen fest, welche Ziele oder Zwecke erreicht werden sollen. Zweckprogrammierungen findet man an der Spitze einer Organisation, wenn beispielsweise als Zweck eines Unternehmens ausgegeben wird, die Marktführerschaft bei Waschmaschinen anzustreben. Sie werden aber auch dafür eingesetzt, um die Arbeit des mittleren und unteren Managements über Zielvorgaben – das sogenannte »Management by Objectives« – zu steuern. Aber selbst einfache Tätigkeiten können über Zweckprogramme gesteuert werden. Bei Zweckprogrammen ist die Wahl der Mittel freigegeben: Der angegebene Zweck soll – innerhalb gewisser Grenzen – erreicht werden, egal wie. Der Strategiebegriff kann an dieser Stelle eingeklinkt werden. Mit Strategieformulierung wird letztlich der Prozess der Suche nach geeigneten Mitteln zur Erreichung des Zweckes beschrieben, mit Strategieimplementierung die Umsetzung der als optimal identifizierten Mittel.

Den zweiten grundlegenden Typus von Entscheidungsprämissen machen die *Kommunikationswege* einer Organisation aus. Durch das Festlegen von legitimen Kontaktpunkten, »Instanzenzügen« und Zuständigkeiten werden zunächst einmal die Möglichkeiten der Kommunikation in der Organisation massiv eingeschränkt. Bei anstehenden Entscheidungen wird auf einen großen Teil der möglichen Kontakte und die Mitwirkung aller möglicherweise hilfreichen und interessierten Stellen verzichtet. Es wird nur eine kleine Zahl legitimierter Kontakte und Entscheidungsbefugnisse zugelassen, die die Mitglieder zu respektieren haben, wenn sie ihre Mitgliedschaft nicht aufs Spiel setzen wollen.

Für die Mitglieder einer Organisation hat die Einrichtung von Kommunikationswegen – wie alle anderen Strukturtypen auch – eine entlastende Funktion. Diejenigen, die für eine be-

stimmte Entscheidung zuständig sind, können davon ausgehen, dass diese systemintern als richtig angesehen und nicht
angezweifelt wird. Sie müssen im Problemfall aber auch die
Verantwortung übernehmen und haben für eventuelle Fehler oder negative Konsequenzen ihrer Entscheidungen gera-
dezustehen. Dies entlastet nicht nur die Vorgesetzten, weil sie
davon ausgehen können, dass die Untergebenen ihre Weisun-
gen befolgen – oder wenigstens offiziell so tun, als würden sie
sie befolgen. Auch die Untergebenen werden entlastet, weil
sie wissen, mit wem man reden darf und mit wem nicht (vgl.
Luhmann 1969). Festgelegte Kommunikationswege entlasten
aber auch bei der Kooperation zwischen Personen auf glei-
cher Ebene, weil zum Beispiel eine Abteilung die Information
einer anderen nicht auf ihre Stimmigkeit oder ihren Nutzen
überprüfen muss.

In Organisationen gibt es ganz unterschiedliche Formen
der Regelung von Kommunikationen. Die prominenteste
Art der Fixierung von Kommunikationswegen ist sicherlich die *Hierarchie*. Über Hierarchien wird einerseits festgelegt, wer wem über- und untergeordnet ist, es wird mithin
Ungleichheit etabliert. Gleichzeitig wird durch Hierarchien
aber auch Gleichheit produziert, weil festgelegt wird, welche Abteilungen sich auf der gleichen hierarchischen Ebene der Organisation befinden. Eine weitere wichtige Art der
Festlegung von Kommunikationswegen sind *Mitzeichnungsrechte*. Mitzeichnungsrechte basieren auf der Gleichrangig-
keit der beteiligten Organisationseinheiten und sind damit
entsprechend anfällig, weil es keine einfachen Wege gibt, um
Konflikte aufzulösen (vgl. dazu Luhmann 1988, S. 177). Eine
weitere, zunehmend wichtige Art der Definition von Kommunikationswegen sind *Projektstrukturen:* Mitglieder aus unterschiedlichen Abteilungen werden zusammengezogen, um
ein zeitlich befristetes Vorhaben – ein Zweckprogramm – zu
bearbeiten.

Hierarchien, Mitzeichnungsrechte und Projektstrukturen können miteinander kombiniert werden, sodass sich ganz eigene Formen und Netzwerke von Kommunikationswegen ausbilden, für die stark vereinfacht dann Begriffe wie Funktionalorganisation, Divisionalorganisation oder Matrixorganisation genutzt werden. Je nachdem, welche Kombination von Hierarchien, Mitzeichnungsrechten und Projektstrukturen gewählt wird, verändern sich die Wahrscheinlichkeiten für Kooperation, Konkurrenz oder Konflikt in der Organisation. In Strategieprozessen wird ein hohes Maß an Phantasie mobilisiert, um solche Netzwerke von Kommunikationswegen als ein Mittel zur Erreichung eines Zweckes zu entwickeln und zu implementieren.

Während die Einstufung von Programmen und Kommunikationswegen als Strukturen der Organisation in der einschlägigen Forschung gebräuchlich ist, hat der Vorschlag, *Personal* als dritten, gleichrangig zu betrachtenden Typ von Organisationsstruktur zu betrachten, mehr Überraschungswert. Die Ursache für die weitgehende Ignorierung des Strukturtyps Personal ist ein blinder Fleck, der sich durch die klassische Betriebswirtschaftslehre in die Organisationsforschung eingeschlichen hat. Wegen der Orientierung am klassischen Zweck-Mittel-Schema wird in der betriebswirtschaftlichen Organisationsforschung Personal häufig nur als Mittel zum Zweck betrachtet, das selbst aber keine Struktur der Organisation darstellt.

Jeder Beobachter kann jedoch feststellen, dass in Organisationen nicht nur *über* Personal entschieden wird, sondern dass vom Personal Entscheidungen getroffen werden, die wichtige Prämissen für weitere Entscheidungen in der Organisation darstellen. Es macht für künftige Entscheidungen einen Unterschied, welche Person die für die Entscheidung zuständige Stelle besetzt. Auf der gleichen Stelle entscheiden Juristen häufig anders als Betriebswirte und diese wiederum anders als

Soziologen. Personen mit Oberschichtsozialisation entscheiden tendenziell anders als Personen aus der Unterschicht. Und auch das Entscheidungsverhalten von Frauen soll angeblich ein anderes als das von Männern sein.

Organisationen haben verschiedene Möglichkeiten, an der Stellschraube Personal zu drehen (vgl. hierzu Luhmann 1971, S. 208). Mit der *Einstellung* wird fixiert, welcher Typus von Person künftig in der Organisation Entscheidungen treffen wird. Mit der *Entlassung* von Personen kann signalisiert werden, welche Art von Entscheidungen man künftig in der Organisation nicht mehr haben möchte. Gerade bei Spitzenpositionen wird diese Möglichkeit häufig genutzt, um nach außen und innen zu signalisieren, dass andere Formen von Entscheidungen zu erwarten sind. Die *interne Versetzung* kann nach oben – als Karriereschritt oder zur Ruhigstellung auf Frühstücksdirektorenposten –, nach unten – als Degradierung – oder auch zur Seite erfolgen. Mit *Personalentwicklung* wird versucht, das Verhalten einer Person so zu verändern, dass sie künftig auf der gleichen Position andere Entscheidungen trifft. Dabei wird häufig der Eindruck erweckt, dass das Personal gewissermaßen die »Software« der Organisation darstellt, die durch Trainings, Coachings und Supervisionen beliebig umprogrammiert werden kann, während die Programme, Technologien und Dienstwege die »Hardware« ausmachen. Plausibel scheint eher das Gegenteil zu sein (vgl. Kühl 2008, S. 156). Während sich Organisationspläne und Aufgabenbeschreibungen »leicht, praktisch mit einem Federstrich ändern lassen«, sind Personen »schwer, wenn überhaupt umzustellen« (Luhmann 2000, S. 280).

Wenn man jetzt von einem solchen Verständnis von Organisationsstruktur ausgeht, dann erkennt man die Bedeutung von Strategien. In einem systemtheoretischen Verständnis sind Kommunikationswege, Programme und Personal prinzipiell gleichrangige Formen zur Strukturierung von Organisationen. Strategien sind als Mittelsuchprozess für ein vorher definiertes Zweckprogramm also letztlich nur eine mögliche Form der Strukturierung von Organisationen.

Die Stärken einer systemtheoretischen Bestimmung von Strategie

Es ist nachvollziehbar, wenn ein solcher Versuch, den Begriff Strategie präzise zu definieren, erhebliche Kritik auf sich zieht. Der Trend in der Strategiedebatte geht dahin, eine »eklektische Theorie« zu etablieren, in der ganz unterschiedliche Paradigmen ihren Platz finden können (Bresser 1998, S. 675). Die Beweislasten für diejenigen, die für eine enge Bestimmung des Strategiebegriffs eintreten, sind hoch. Es muss gezeigt werden, wie sich die Begriffsbestimmung zu anderen Definitionen von Strategien verhält und warum sie diesen überlegen ist. Es muss nachgewiesen werden, dass die relevanten Diskussionen über Strategie nicht nur mit Hilfe der Definition abgebildet werden können, sondern auch, dass diese Begriffsbestimmung zu einem besseren Verständnis der Diskussionen führt. Es muss dargestellt werden, welche neuen wissenschaftlichen Zugänge man durch das Verständnis von Strategien gewinnt. Und nicht zuletzt muss man wegen der für die Strategiediskussion typischen Praxisanmutungen zeigen, was es für die Entwicklung von Strategien bedeutet, wenn sie mit Hilfe des Zweck-Mittel-Schemas festgelegt werden.

Die Auflösung des künstlichen Gegensatzes von Strategie und Struktur

Eine erste Leistung der engen Definition von Strategie besteht darin, dass sie hilft, die Kontroverse über den Zusammenhang von Strategie und Struktur im Hegel'schen Sinne »aufzuheben« – die Unterscheidung der beiden Begriffe zu bewahren, jedoch in ihrer Gegensätzlichkeit aufzulösen, um sie schließlich auf einem höheren Niveau zusammenzuführen. Schon seit dem Erscheinen der ersten mit wissenschaftlichem Anspruch verfassten Arbeiten zum Thema Strategie in den 1960er Jahren wird kontrovers diskutiert, ob die Strukturbildung von Organisationen den Strategieentscheidungen des Managements folgt oder ob umgekehrt die Strategieentscheidungen sich nicht gerade aus der Struktur der Organisation heraus ergeben.

Unter dem Label »structure follows strategy« propagierte Alfred Chandler (1962), einer der Urväter der Strategiediskussion im Management, dass Organisationen auf veränderte Umweltbedingungen mit der Anpassung ihrer Strategien reagieren und ihre Strukturen dann an diese Strategien angepasst werden. In Abgrenzung zu Chandler stellen dagegen David Hall und Maurice A. Saias (1980) mit der griffigen Formel »strategy follows structure« heraus, dass Strategien vielmehr das Ergebnis der Struktur der Organisation sind. Organisationen könnten, so das Argument von Hall und Saias, Informationen über ihre Umwelt immer nur durch eine durch ihre eigene Organisationsstruktur geschaffene Linse wahrnehmen und verarbeiten. Der Strategieprozess kann ihrer Meinung nach immer nur das Ergebnis der Struktur der Organisation sein.

Im Anschluss an diese vergleichsweise simple Gegenüberstellung sind eine Vielzahl von Arbeiten erschienen, die den Anspruch haben, aufzuzeigen, in welchem Maße Strategieentscheidungen die Struktur einer Organisation prägen und in welchem Maße die Strukturen wiederum die Strategien einer Organisation beeinflussen. Statt der simplen Gegenüberstellung von Struktur und Strategie wurde es populär, rekursive Verhältnisse zwischen diesen beiden Begriffen anzunehmen. Eine Strategie – so die Annahme – präge die Struktur einer Organisation, die dann wiederum die Formulierung einer Strategie beeinflusse, die dann wiederum auf die Struktur einer Organisation Einfluss nehme (siehe nur beispielhaft Mintzberg 1990b, S. 171 ff.; Amburgey und Dacin 1994, S. 1427 ff.; Zimmer und Ortmann 2001, S. 38 f.).

Dieses rekursive Erklärungsmodell ist sicherlich nicht falsch, es leidet aber darunter, dass auch hier nicht spezifiziert wird, was unter Struktur und Strategie eigentlich zu verstehen ist und wie sich die beiden Begriffe zueinander verhalten. Die Debatte »structure follows *strategy*« versus »*strategy* follows structure« genauso wie die salomonisch rekursive Formel »structure follows strategy and strategy follows structure« ist deswegen so irreführend, weil die Begriffe Struktur und Strategie gleichrangig behandelt werden. Wenn Strategie der Prozess ist, mit dem die Mittel zur Erreichung eines Zwecks gesucht und umgesetzt werden, dann kann Strategie jedoch nichts anderes sein als ein Aspekt der Organisationsstruktur. In der Sprache der Kontroverse müsste es heißen »strategy *is* structure« oder genauer »strategy *is part* of the structure«.

Diese Spezifikation ermöglicht es wesentlich besser, das Verhältnis von Entscheidungen über Zweckprogramme und der Wahl der Mittel zur Erreichung der Zwecke zu anderen Strukturentscheidungen zu bestimmen. Bei Strukturentscheidungen in Organisationen gibt es immer die Möglichkeit, dass einer der Strukturtypen »in Führung« geht. Es kann sein, dass die hierarchischen Kommunikationswege als gesetzt betrachtet werden und man versucht, für die vorhandenen Abteilungen Programm- und Personalanforderungen zu formulieren. Es kommt aber auch vor, dass die Strukturentscheidungen von Zweckprogrammen aus gedacht werden, dass also versucht wird, für gesetzte Zwecke geeignete Kommunikationswege und geeignetes Personal zu finden.

Statt wie in den klassischen Strategieansätzen die Organisation immer von Zweckprogrammen aus zu denken, kommt es jetzt darauf an, für jede einzelne Organisation zu rekonstruieren, welcher Strukturtypus aus welchem Grund in Führung geht. Das kann in einzelnen Fällen das Denken von Zweckprogrammen aus sein, es kann aber auch vorkommen, dass eine Organisation eher vom Personal aus gedacht wird oder dass die als unabänderlich betrachteten Kommunikationswege als Ausgangspunkt für einen Veränderungsprozess in der Organisation genommen werden.

Die Lösung des Verhältnisses von Zweck und Mitteln

Schon in der Definition von Strategien durch Alfred Chandler steckte eine Unklarheit, die insofern fruchtbar ist, als dass sie es ermöglicht, mit Hilfe der Systemtheorie den Strategiebegriff näher zu bestimmen. Chandler (1962, S. 14) definiert Strategie als eine »Festlegung der langfristigen Ziele und Zwecke eines Unternehmens und die Bestimmung der Handlungen und die Zuweisung von Ressourcen, um diese zu erreichen«. Für ihn ist Strategie also beides – sowohl die Festlegung von Zwecken als auch die Bestimmung der Mittel zur Erreichung der Zwecke.

Diese Doppelbestimmung hat in der Strategiediskussion zu Unklarheiten geführt (siehe dazu Staehle 1980, S. 138). Manchmal wird der Strategiebegriff genutzt, um eher die Formulierung eines Zweckprogrammes zu betonen. Die Formulierungen lauten dann so, dass es die »Strategie des Unternehmens ist, den Umsatz in diesem Jahr um zwei Prozent« zu steigern. In anderen Formulierungen wird der Strategiebegriff dafür genutzt, um eher die Wahl der Mittel herauszustellen. Die Aussagen lauten dann, dass es in einem Strategieprozess darauf ankomme, »geeignete Mittel zu finden, mit [denen] das Ziel einer Umsatzsteigerung von zwei Prozent in diesem Jahr« erreicht werden kann. Manchmal wird die Aufgabe von Strategien auch darin gesehen, sowohl über die Ziele als auch über die Mittel Aussagen zu treffen (vgl. Schendel und Hofer 1979, S. 15 ff.)

Es herrscht – so die Formulierung von Henry Mintzberg, Bruce Ahlstrand und Joseph Lampel (1999, S. 66) – eine »beträchtliche Verwirrung«. Es ist für ein tiefer gehendes Verständnis von Strategien problematisch, wenn der Begriff unkontrolliert mal für die Formulierung von Zwecken, mal für die Suche nach Mitteln und dann wiederum für beides genutzt wird. Ursache für die Verwirrung ist, dass gerade in der Frühphase der Strategieforschung Überlegungen quasi aus dem Stand angestellt wurden, ohne systematisch die an Max Weber anschließende Diskussion in der Organisationsforschung über Zweck-Mittel-Relationen zu rezipieren.

Aus einer systemtheoretischen Perspektive bekommt man das Verhältnis von Zwecken zu Mitteln geklärt, wenn man die Besonderheit von Organisationen ins Blickfeld nimmt. In Organisationen werden in der Regel Zweck-Mittel-Ketten gebildet. In einem Unternehmen oder einer Verwaltung wird nicht nur ein Zweck gesetzt, für den dann verschiedene Mittel gesucht werden, sondern wenn ein geeignet erscheinendes Mittel gefunden wurde, dann wird es wiederum als (Unter-)Zweck behandelt, für den wiederum geeignete Mittel gesucht werden. Diese Mittel werden dann wiederum als Zweck behandelt, und die Suche nach geeigneten Mitteln für diesen (Unter-Unter-)Zweck wird in Gang gesetzt.

Deutlich wird jetzt, warum im Strategieprozess manchmal eher der Aspekt der Festlegung von Zwecken und manchmal der Aspekt

der Suche nach Mitteln betont wird. Wenn beispielsweise die Geschäftsführung festlegt, dass die Ausschussquote im Fertigungs-
prozess von 1 auf 0,5 Prozent gesenkt werden soll, dann ist das aus
der Sicht der Geschäftsführung ein Mittel – eine Strategie –, um
den Zweck der Kostenreduzierung zu erreichen. Aus der Sicht der
Fertigungsleitung, die dieses Qualitätsziel vorgegeben bekommt,
stellt es sich als ein Zweck dar, für den die entsprechenden Mittel – also Strategien – entwickelt werden müssen. Ob im Strategieprozess etwas als Zweck oder als Mittel gesehen wird, hängt
maßgeblich von der Stellung der unterschiedlichen Akteure in der
Organisation ab.

Die Klärung des Problems zwischen Plan und Realität

Eine Kritik an der Strategiediskussion lautet, dass sie sich zu viel
mit den Planungsvorstellungen in Organisationen und zu wenig
mit der konkreten Arbeit – dem »Strategizing« – auseinandersetzt.
Inspiriert durch den »Practice Turn« in den Sozialwissenschaften
hat sich deswegen ein Ansatz etabliert, der erforscht, in welcher
Form die »Practitioners« unter Nutzung von »Practices« wie Ab-
laufregeln oder Werkzeugen die konkrete »Praxis« der Strategie
erzeugen (siehe dazu Whittington 1996; Whittington 2003, 2006
oder Jarzabkowski et al. 2007). Ein wichtiger Beitrag dieser Richtung »Strategy-as-Practice« war es, realitätsnähere und detailrei-
che Beschreibungen von strategischen Praktiken in Organisationen zu initiieren.

Aber gerade dieser »Strategy-as-Practice«-Ansatz wirft die Frage
auf, in welchem Verhältnis die strategischen Praktiken zu den strategischen Plänen stehen. Hier stößt der praxeologische Ansatz an
seine Grenzen, weil es ihm vorrangig um die Perspektive geht, was
Personen in Strategieprozessen »machen« (Cloutier und Whittington 2013, S. 803). Ähnlich wie die klassischen Subjekt- und Akteurs-

theorien in der Soziologie werden die Handlungspraktiken in den Mittelpunkt gestellt und damit das Verhältnis zwischen Plan und Praxis abgedunkelt (siehe Seidl 2007).

Die Systemtheorie ermöglicht es, das Verhältnis von Plan und Praxis zu thematisieren, weil der Strukturbegriff nicht über die Regelmäßigkeit von Handlungen gebaut wird, sondern über Erwartungen (siehe zu dem Thema Hendry und Seidl 2003). Strukturen, so Niklas Luhmann (1984, S. 362 ff.), sind Erwartungen, die das Handeln nicht determinieren, aber demjenigen, der von den Erwartungen abweicht, Begründungspflichten aufladen. Und mit genau dieser Perspektive ist die Systemtheorie in der Lage, die Differenz zwischen den Erwartungen in Form von formalisierten Programmen einerseits und den konkreten Praktiken in Organisationen andererseits zu beobachten.

Die Verortung von Strategieprozessen
in der gesamten Organisation

In der einschlägigen Literatur wird viel Phantasie darauf verwendet, Strategien nur für einen bestimmten Typus von Zweckprogrammen als Suchmechanismus nach den dafür geeigneten Mitteln zu bestimmen. So wird dafür plädiert, die Suche nach Mitteln zur Erreichung des Gesamtzwecks einer Organisation – zum Beispiel Gewinnmaximierung in Unternehmen – nicht als Strategie zu bestimmen, sondern nur die Suche nach Mitteln für stärker operationalisierte Zweckprogramme (siehe zur Diskussion Hofer und Schendel 1978, S. 18 f.; Becker 1996, S. 8; als Überblick Nicolai 2000, S. 18). Es werden Hierarchien von Zweckprogrammen gebildet, um Strategien zwischen den Zweckprogrammen der »Objectives« oder gar »Missions« der Organisation einerseits und den »Policies« und »Programms« andererseits einzuordnen (Hunger und Wheelen 1996, S. 10).

Man möchte den Strategiebegriff nicht prinzipiell für die Suche nach Mitteln für Zweckprogramme verwenden, sondern nur für die Suche nach Mitteln für besondere Formen von Zweckprogrammen. Das findet seinen Ausdruck darin, dass von Strategien immer dann die Rede ist, wenn die Zwecke für eine Organisation »grundlegend« sind oder wenn es um die Suche nach Mitteln für »langfristige« Zwecke geht.

In Organisationen lässt sich jedoch eine Vielzahl von Zweckprogrammen finden. Die Vorgabe, in zwei Jahren Marktführer für Bohrerkassetten in Osteuropa zu werden, ist ebenso ein Zweckprogramm wie die Aufforderung einer Vorgesetzten an einen mitreisenden Vorstandsassistenten, ihr zu Beginn jedes Arbeitstages auch an exotischen Orten einen Cappuccino nach genauen Regeln zu servieren. Bei der Vorgabe, jedes Jahr ein Return on Investment von 15 Prozent zu erreichen, handelt es sich ebenso um ein Zweckprogramm, mit dem die Suche nach Mitteln mobilisiert wird, wie bei dem Befehl an einen Geldeintreiber der Mafia, bei Restaurants in einem Stadtviertel wöchentlich das Schutzgeld einzusammeln. Es stellt sich nun die Frage, ob es sinnvoll ist, den Strategiebegriff für die Suche nach Mitteln zur Erfüllung all dieser sehr unterschiedlichen Zweckprogramme zu verwenden?

Die Kriterien, die dazu führen, die Mittelsuche für ein Zweckprogramm in einem Fall als Strategie zu bezeichnen und in einem anderen Fall nicht, sind jedoch unklar. Die Versuche, auch in einer verlassenen Gegend einen Cappuccino aufzutreiben, mögen aus der Perspektive des nach Koffeinschüben dürstenden Vorstandsmitglieds nicht den Begriff der Strategie verdienen, für den verantwortlichen Vorstandsassistenten kann das aber sehr wohl fast wie ein strategisches Projekt erscheinen. Wenn man davon ausgeht, dass Strategien nicht nur an der Spitze der Organisation zur Erreichung großer Ziele definiert werden, sondern überall in der Organisation vorhanden sind, gibt es keinen Grund, den Strategiebegriff für spezifische Fälle der Suche nach den geeigneten Mitteln in Organisationen zu reservieren.

Die Erklärung der Einengung auf Unternehmen

Es fällt auf, dass die Strategiediskussion stark auf Unternehmen fokussiert ist. Die Vorstellung, dass man eigene Strategieabteilungen braucht, ist zuerst in Unternehmen formuliert worden. Und die meisten von Beratern entwickelten Strategietools dienen dazu, Unternehmen in ihrem Marktumfeld zu positionieren. Die maßgeblichen wissenschaftlichen Forschungen über Strategieentwicklungsprozesse sind in Unternehmen durchgeführt worden, bei Organisationstypen wie Krankenhäusern, Verwaltungen oder Parteien scheint dies hingegen schwerer vorstellbar zu sein.

Aus einer systemtheoretischen Perspektive ist dies erklärungsbedürftig, weil es keinen Grund gibt, Unternehmen für wichtiger oder zentraler zu halten als andere Organisationstypen. Sicherlich – Wirtschaft in der modernen Gesellschaft ist ohne Unternehmen nicht vorstellbar. Aber genauso wenig kann man sich Erziehung ohne Schulen, Wissenschaft ohne Universitäten und Forschungsinstitute, Politik ohne Verwaltungen oder Religion ohne organisierte Glaubensgemeinschaften vorstellen (siehe dazu Kühl 2015a).

Die Konzentration des Strategiediskurses auf Unternehmen könnte man jetzt damit erklären, dass Wirtschaftsorganisationen in vielen Fragen der Reorganisation eine Vorreiterrolle übernehmen. Oder man könnte darauf verweisen, dass Unternehmen aufgrund ihres Bezuges auf Märkte eher als Verwaltungen oder Schulen darauf angewiesen sind, sich auf eine schnell wandelnde Umwelt einzustellen. Oder man könnte ganz simpel darauf verweisen, dass Unternehmen in der Regel bereitwilliger höhere Beraterhonorare zahlen als Verwaltungen oder Hochschulen und dementsprechend die Beratungsfirmen ihre Tools primär für Unternehmen entwickeln.

Wenn man Strategien als die Suche nach Mitteln für einen vorher definierten Zweck versteht, erschließt sich aber durch die theoretische Verortung noch ein anderer Grund für die Konzentration des Strategiediskurses auf Unternehmen: Unternehmen sind stärker als andere Organisationstypen über Zweck-Mittel-Schemata geprägt.

Zugestanden – auch in Verwaltungen, Polizeien oder Gerichten lassen sich Zweckprogramme finden, vorrangig werden diese Organisationen aber (jedenfalls in Rechtsstaaten) über Konditionalprogramme strukturiert. Ein Staat, in dem eine Polizei sich nicht an Konditionalprogramme in Form von Gesetzen, sondern an abstrakten Zielvorgaben wie der Verhinderung von Unruhen orientiert, würde zu einem Polizeistaat werden. Eine Verwaltung, die sich nicht an die als Verwaltungsvorschriften bezeichneten Konditionalprogramme halten würde, würde ein Legitimationsdefizit bekommen (vgl. dazu ausführlich Luhmann 1973, S. 88 ff.). Diese Fokussierung auf Konditionalprogramme kann erklären, warum solche Organisationstypen nicht in der gleichen Form wie Unternehmen offen sind für einen auf die Suche nach geeigneten Mitteln ausgerichteten Strategiediskurs.

Jetzt kann man einwenden, dass sich ja auch in Verwaltungen, Polizeien oder Gerichten, besonders aber auch in Krankenhäusern, Schulen und Hochschulen speziell in den letzten Jahrzehnten Strategiediskussionen finden lassen. Auch dies ist mit der engen Bestimmung von Strategien als Suche nach Mitteln zur Realisierung von Zweckprogrammen zu verstehen. Zwar hat sich an der prinzipiellen Bindung an Konditionalprogramme in vielen Organisationstypen nichts geändert, aber unter Stichworten wie »New Public Management« hat eine verstärkte Orientierung an Zweckprogrammen Einzug in Verwaltungen, Polizeien oder Hochschulen gehalten und dadurch fast automatisch das Tor für Diskussionen über »strategische Verortungen« geöffnet.

2 Die Verlockungen und die Grenzen eines zweckrationalen Ansatzes

Im klassischen Verständnis steht am Beginn eines Strategieprozesses die Spezifikation der Mission – des langfristen Zieles – einer Organisation. Auf der Basis der Analyse der Umweltbedingungen der Organisation – der internen Kapazitäten und der vorhandenen Ressourcen – sollen die verschiedenen Mittel zu Erreichung des übergeordneten Zieles bestimmt werden. Die verschiedenen Strategiealternativen werden anschließend in Bezug auf Möglichkeiten und Risiken ausführlich analysiert, und es wird die Strategie ausgewählt, die die Erreichung des übergeordneten langfristigen Zieles gewährleistet. Anschließend wird die ausgewählte Strategie operationalisiert: Es werden quantitative Vorgaben formuliert, Meilensteine definiert und Aktionspläne aufgestellt, deren Erreichung durch das Management regelmäßig beobachtet wird (siehe für eine solche Vorgehensweise z. B. Steiner 1969, S. 31 ff.; Hussey 1998, S. 71; Bickhoff 2008, S. 23; siehe für eine kompakte Darstellung Mintzberg 1994, S. 36 ff.).

2.1 Darstellung des Standardvorgehens

Dieses klassische Strategieverständnis, das von der sogenannten Design School beziehungsweise der sogenannten Planning School vertreten wird, steht in der Tradition eines Organisationsverständnisses, das in der Organisationswissenschaft als *Zweckfetischismus* bezeichnet wird: Die gesamte Organisation wird von einem Oberzweck aus durchdekliniert. An der Spitze der Organisation wird ein Oberzweck festgesetzt, der erreicht werden soll. Dann werden Mittel definiert, mit denen der Oberzweck erreicht werden soll. Die so definierten Mittel werden als Unterzwecke festgelegt, für deren Erreichung wiederum geeignete Mittel gesucht werden. So entsteht eine pyramidenförmig angeordnete Kette von Ober- und Unterzwecken, mit der jede Handlung in der Organisation auf ihre Nützlichkeit hin untersucht werden kann. Kurz – es geht um den Aufbau einer »strategy-focused organization« (Kaplan und Norton 2001, S. 2 ff.).

Das organisatorische Denken hinter diesem Zweck-Mittel-Denken ist alt. Schon Fritz Nordsieck, einer der Begründer der deutschen Betriebswirtschaftslehre, vertrat die Auffassung, dass die von einer Organisation zu erfüllende Aufgabe der »Ausgangspunkt« für die Bestimmung der Struktur dieser Organisation sein sollte (Nordsieck 1932, S. 10). Die Aufgabe solle, so Nordsieck, in einer Organisationsuntersuchung systematisch in Teilaufgaben zerlegt werden, und diese Teilaufgaben sollten dann spezifischen Organisationseinheiten oder noch besser spezifischen Stellen in der Organisation zugeordnet werden. Das Unternehmensziel sollte durch das Ineinandergreifen bei der Erfüllung dieser Teilaufgaben automatisch erreicht werden (siehe dazu Ameln et al. 2009, S. 30).

Dabei wird verlangt, dass der Strategieprozess keine widersprüchlichen Zwecke oder Unterzwecke beinhaltet. Wenn sich Zwecke oder Unterzwecke widersprechen würden, dann würde die Erfüllung der Teilaufgaben dazu führen, dass die Gesamtaufgabe nicht erledigt werden könnte. Die Widersprüche würden schon bei der Entwicklung der Strategie zu Irritationen führen und letztlich den Prozess der Erarbeitung einer kohärenten Strategie blockieren.

Bei dieser zweckrationalen Vorgehensweise wird strikt zwischen der Entwicklung und der Implementierung von Strategien unterschieden. Eine Strategie müsse – so die Vorstellung – erst sauber ausformuliert sein, bevor man daran denken könne, sie in die Praxis umzusetzen. Die Vorstellung erinnert an einen General, der zusammen mit seinem Generalstab eine Strategie ersinnt und diese dann als Befehl an die Kämpfer an der Front weiterleitet. Die Ausführung dieser Befehle würde dann über die militärische Disziplin sichergestellt und sei deswegen vergleichsweise unproblematisch (siehe zu diesem Bild Whittington 1993, S. 17).

Ihren Ausdruck findet diese Vorgehensweise in häufig mehrere hundert Seiten langen strategischen Masterplänen mit präzisen Zielvorgaben, Zeitplänen und Budgetzuweisungen. Der Masterplan beinhaltet bis ins Detail beschriebene Subziele, die alle »smart« – also spezifisch, messbar, akzeptiert, realistisch und terminiert – sein sollen (vgl. Doran 1981). In den Zeitplänen wird manchmal für hunderte dieser Subziele tage-, nicht selten auch stundengenau festgelegt, wann sie jeweils erreicht sein sollten. Und für die Erreichung jedes dieser Subziele wird auf den Dollar, Euro oder Renminbi genau ein Budget festgelegt. Die strategischen Pläne müssen dann nur noch den relevanten Mitarbeitern zugänglich gemacht werden, und die Einhaltung der Pläne muss durch das Management überprüft werden (siehe dazu Goold und Campbell 1987, S. 74 f.).

2.2 Zur Popularität eines zweckrationalen Zugangs zur Strategiediskussion

Die Popularität, die der Strategiediskurs bei den Praktikern genießt, liegt in seiner zweckrationalen Ausrichtung begründet. Während Peter F. Drucker, Autor von Managementliteratur, noch Anfang der 1960er Jahre einen ursprünglich geplanten Buchtitel »Business Strategies« zurückzog und das Buch »Managing for Results« (Drucker 1964) nannte, weil die vom Verlag befragten Manager und Berater mit dem Begriff Strategie nichts anfangen konnten, wurde das Thema »Strategie« kurz darauf zu dem »neuen Ding«. Wenn man als Beratungsfirma an das Topmanagement herankommen wollte, dann sah man den Beratungsauftrag nicht mehr vorrangig darin, die Unternehmen in ihrem alltäglichen operativen Geschäft zu unterstützen, sondern ihnen bei der strategischen Neuausrichtung zu helfen (siehe dazu Stewart 2009, S. 152 f.).

Die Aufgabe der anwendungsorientierten Wissenschaft besteht aus dieser zweckrationalen Perspektive darin, dem Manager – nach einer möglichst vollständigen Zusammenstellung relevanter Informationen und sorgfältigem Abwägen von Alternativen – geeignetere Mittel für die Erreichung des Oberzweckes vorzuschlagen. Man glaubt, dass Wissenschaft vorrangig eine Methode zur Produktion von abgesichertem Wissen ist, das vom Management direkt genutzt werden kann (Whitley 1984, S. 369 f.). Entstanden ist daraus ein enges Netzwerk von Unternehmen, Beratungsfirmen und Business Schools mit einer Vielzahl von Strategieprofessoren, die – so die lakonische Bemerkung von Matthew Stewart (2009, S. 218) – ihr Geld damit machen, Beratungsleistungen für Firmen zu erbringen, deren Erfolgsgeschichten sie danach mit leicht wissenschaftlichem Touch in ihren Artikeln und Büchern erzählen.

Die Diskussion über die Ausrichtung von Organisationen

wird inzwischen durch eine eigene »Strategieindustrie« dominiert (siehe dazu David 2012). Jede Beratungsfirma, jeder
Strategieprofessor, der etwas auf sich hält, entwickelt inzwischen eigene Strategietools. Anfangs entstanden dabei vergleichsweise simple Vier-Felder-Schemata. Mit der »SWOT-
Analyse« sollten, so das Versprechen, die »Strengths«,
»Weaknesses«, »Opportunities« und »Threats« einer Organisation erfasst werden. Das »Product/Market-Grid« sollte ermöglichen, bei den Marktbearbeitungsstrategien zwischen
»Marktdurchdringung«, »Marktentwicklung«, »Produktent-
wicklung« und »Diversifikation« zu unterscheiden. Der
»Growth Share Matrix« oder »BCG-Matrix« wurde das Po-
tential zugesprochen, jedes Produkt entweder als »armen
Hund«, »Problemkind«, »Milchkuh« oder »Star« klassifizie-
ren zu können. Dann folgten etwas komplexere Modelle, die
den Managern das Denken in fünf oder gar sieben Dimensio-
nen zumuteten. Es wurden die »Five Forces« vorgestellt, die
den Erfolg eines Unternehmens davon abhängig machen, wie
stark die Konkurrenz innerhalb der Branche auftritt, wie stark
die Verhandlungsmacht von Lieferanten und Käufern ist und
welche Bedrohung durch neue Marktteilnehmer oder durch
Ersatzprodukte besteht. Mit dem »7S Framework« wurde gefordert, dass die »Strategy«, »Structure«, »Systems«, »Skills«,
»Staff«, »Style« und »Shared Values« bei der Ausrichtung einer Organisation beachtet werden sollten.

Der Charme dieser Tools besteht darin, dass sie in Unternehmen, Verwaltungen oder Krankenhäusern schnell an-
schlussfähig sind. Weil es sich um einfach zu erlernende
Tools handelt, die in MBA-Kursen gelehrt und abgeprüft, in
Managementzeitschriften verbreitet und auf Führungskräf-
tekonferenzen vorgestellt werden, bestehen in der Regel keine Schwierigkeiten, in Veränderungsprozessen Akzeptanz
für solche Tools herzustellen. Mit der Aussage, dass man jetzt
erstmal ein »Stakeholder Mapping«, eine »SWOT-Analyse«

oder ein »Product/Market-Grid« herstellen muss, stellt man eine Kommunikationsbasis im Unternehmen her, weil die meisten zu wissen meinen, was sich hinter dieser bewährten Vorgehensweise verbirgt. Insofern erfüllen diese Tools eine wichtige Funktion zur Produktion von Anschlussfähigkeit in Organisationen.

Die Suggestion dahinter ist erst einmal überzeugend (vgl. zur Darstellung Ameln et al. 2009, S. 31). Wenn man nur »fundiertes Wissen über Markttrends und globale Entwicklungen« hätte, ein Verständnis für die Geschäftsprozesse und »Wissen über Optimierungsmöglichkeiten« mitbrächte, über »Kenntnis der Branche, ihrer Schwierigkeiten und Best-Practice-Modelle zu ihrer Lösung verfügte«, »erprobte Tools zur Erarbeitung strukturierter Lösungen« zur Hand hätte und »hochqualifizierte Berater« mit »ausgeprägten analytischen Fähigkeiten« engagieren würde, dann – so die Vorstellung – könne der Organisation nichts passieren. Leider ist die Sache jedoch komplizierter.

2.3 Die Grenzen eines zweckrationalen Zugangs

Die häufig beklagte »Implementation Gap« – die »Umsetzungslücke« – macht deutlich, dass das klassische Strategiemanagement an seine Grenzen stößt. Es wird konstatiert, dass es den Organisationen »nicht so sehr an guten Visionen, Ideen oder Strategien mangelt, als vielmehr an den entsprechenden Realisierungskompetenzen« (Campana 2005, S. 3). Organisationen hätten, so die Klage, wenig Schwierigkeiten damit, Pläne zu entwerfen, aber es würde ihnen an »Umsetzungsexzellenz« – an der Fähigkeit, die Pläne zügig in die Praxis umzusetzen –, mangeln (Kolbusa 2013, S. 7 ff.).

In den klassischen Ansätzen des Strategiemanagements wird die »Umsetzungslücke« nicht zum Anlass genommen, die Methoden zur Entwicklung von Strategien zu überdenken, sondern stattdessen wird von den Organisationen eine bessere Umsetzungskompetenz gefordert. Man brauche – so die Suggestion – an der zweckrationalen Vorgehensweise bei der Strategieentwicklung nichts zu ändern, sondern müsse nur das Management dazu verpflichten, die einmal beschlossenen Strategien mit einem professionellen Projektmanagement auch umzusetzen. Mit dieser Position brauchen die Manager, Berater und Professoren an ihrer bewährten Vorgehensweise bei der Strategieentwicklung nichts zu ändern und können sich gleichzeitig ein neues Geschäftsfeld im »Umsetzungsmanagement« erschließen.

Wir halten eine andere Erklärung für die Umsetzungslücke für plausibler. Die nach einem Strategieprozess existierenden Umsetzungslücken resultieren nicht aus mangelndem Engagement des Topmanagements, mangelnder Professionalität des mittleren Managements bei der Umsetzung oder mangelhafter externer Beratung, sondern sind das unvermeidliche Ergebnis eines zweckrationalen Blicks im Strategieprozess. Es herrscht jedenfalls in der Organisationsforschung inzwischen weitgehend Einigkeit darüber, dass ein Organisationsalltag, in dem das Unternehmensziel durch harmonische Umsetzung der vom gemeinsamen Oberzweck abgeleiteten Unterzwecke erreicht wird, eine reine Phantasievorstellung des Topmanagements ist. Der Organisationsalltag ist vielmehr allzu oft gekennzeichnet durch konkurrierende Zwecke, regelmäßige Zweck-Mittel-Verdrehungen, Zwecke, die nur der Schaufensterdekoration dienen, willkürliche und unbeobachtete Zweckwechsel oder die Verselbstständigung von Unterzwecken. Bei der Entwicklung von Strategien darf dies aber nicht als Pathologie einer Organisation verstanden werden, sondern im Gegenteil: Gerade diese Phänomene müssen aufgegriffen werden.

Entwicklung von Strategien bei konfligierenden Zwecken

Organisationen bekennen sich häufig zu einem Bündel unterschiedlicher Zwecke und implizieren dabei, dass diese Zwecke miteinander vereinbar sind oder sich gar gegenseitig stützen. Manche Unternehmen definieren ihre Ziele etwa dahingehend, dass das operative Geschäft Gewinne bringen soll und neue Märkte erschlossen, grundlegend neue innovative Produkte entwickelt, die Mitarbeiter hervorragend behandelt und auch Leistungen für das Gemeinwesen erbracht werden sollen (Kühl 2011, S. 58).

Sobald all diese Zwecke aber operationalisiert werden, wird deutlich, dass sie in der Regel in Konflikt zueinander stehen. Die Entwicklung neuer innovativer Produkte drückt den kurzfristigen Profit und damit auch die Möglichkeit zur Zahlung von höheren Dividenden, Löhnen oder Steuern. Eine Erhöhung der Dividenden für Aktionäre kann häufig nur durch Reduzierung der Investitionen in die Entwicklung neuer Produkte, durch Lohnkürzungen oder eine Verminderung von Steuerabgaben erreicht werden (vgl. Luhmann 1981, S. 405).

Das klassische Strategiemanagement gesteht zu, dass es solche Zielkonflikte gibt, plädiert dann aber dafür, diese durch »eine bewusste Prioritätensetzung« zu lösen. »Durch Gewichtungen« könnten, so die Logik, »Zielrangfolgen bestimmt werden«. Die Priorisierung messe »einzelnen Zielen mehr Gewicht zu, so dass Zielkonflikte entschärft werden« (Schneck 2000, S. 38). Es dominiert letztlich die Vorstellung, dass in einer Organisation mit konfligierenden »Mehrfachzielen« mit Hilfe einer »Zielgewichtung« rationale Entscheidungen getroffen werden können (Langer und Weber 1999, S. 70 ff.). Angesichts der Konfrontation mit der organisatorischen Realität von Zielkonflikten wird also das normative Modell einer aus eindeutigen »Zielrangfolgen« bestehenden

Organisation nicht aufgegeben, sondern gerade nochmals besonders betont.

Jetzt würde man aus der Perspektive der systemtheoretischen Organisationsforschung nicht bestreiten, dass es gelingende Versuche zur Bildung von »Zielrangfolgen« gibt. Aber würde die gesamte Organisation darüber durchstrukturiert werden, würde dies, so die Kritik von Niklas Luhmann, die Organisation »auf ein viel zu einfaches Umweltbild« ausrichten. Der Organisation würde »bis in arbeitstechnische Einzelheiten ein Vorurteil« über die Simplizität ihrer Umwelt aufgeprägt werden, sodass »zahlreiche Probleme retuschiert werden müssen und manche Erfahrungen der Zusammenarbeit in großen Organisationen nicht gemacht oder jedenfalls nicht diskutiert werden können« (Luhmann 1973, S. 76).

Die Realität von Organisationen ist deswegen häufig vielfältiger, als es die Zweck-Mittel-Schemata der klassischen Strategieprozesse suggerieren. Organisationen halten über Jahrzehnte Zweckkonflikte aus und ziehen gerade daraus ihre Autonomie. Man denke nur an Universitäten mit ihrem Zweckkonflikt zwischen Lehre und Forschung oder an Gefängnisse mit ihrem Zweckkonflikt zwischen Resozialisierung und Sicherungsverwahrung. Oder die Organisationen bilden zusätzlich zu ihren dominierenden formalen Zwecken informale Zwecke aus, die es ihnen ermöglichen, auf die Umwelt in ihrer Komplexität zu reagieren.

Strategieentwicklung zur Legitimation – Zwecke als Dekoration

Eine Form der Kritik richtet sich gegen allzu vage Formulierungen von Strategien. Eine »schlechte Strategie« – so zum Beispiel Richard Rumelt (2011, S. 34 ff.) –, würde man daran erkennen, dass die Ziele »unscharf« seien. Dies sei häu-

fig der Effekt, wenn während eines Planungstreffens Personen
aus unterschiedlichen Abteilungen und Bereichen versuchten,
ihre Interessen durchzusetzen. Ergebnis seien häufig entweder
Wunschlisten mit einer Vielzahl von möglichen Strategien
oder Formelkompromisse, denen wegen ihrer Abstraktheit
nur zugestimmt werden könne. Als Ergebnis von Strategieprozessen sind solche abstrakten Formulierungen legitim, es
wird dabei jedoch verkannt, dass sie darüber hinaus auch tat-
sächlich eine Funktion für die Organisation haben.

Nicht alle Zwecke, so bereits eine frühe Erkenntnis Luh-
manns (1973, S. 94), sind so instruktiv, dass sich aus ihnen
richtige Mittel, geschweige denn »einzig richtige« Strategien
ableiten ließen. Formulierungen wie »Der Kunde ist König«,
»Humanisierung der Arbeitswelt«, »Maximierung des Pro-
fits« oder »Schutz unserer Umwelt« können bestenfalls abstrakte Verhaltenserwartungen darstellen. Sie lassen offen,
welche Handlungen in einer konkreten Situation erwartet
werden. »Maximiere alles, was gut ist, auf einmal« – daraus
lassen sich nur schwer Anleitungen für Einzelhandlungen ableiten (vgl. Kieserling 2004, S. 179). Wie weit soll man beim
»Schutz unserer Umwelt« gehen? Darf man dafür im Notfall
auch töten? Wie soll man sich verhalten, wenn eine Maßnahme zwar dem »Kunden als König« nutzt, aber den Mitarbeitern – dem »wichtigsten Kapital« des Unternehmens – scha-
det (Kühl 2011, S. 59)?

Die Formulierung von eher abstrakten Zwecken – man
kann auch *Werte* dazu sagen – soll aber häufig auch gar nicht
die Funktion haben, konkretes Handeln anzuleiten. Sie soll
vielmehr dazu dienen, Akzeptanz in der Umwelt der Organisation zu erzeugen (vgl. Luhmann 1964a, S. 108 ff.). Ein Management, das sich in einer kapitalistischen Wirtschaft nicht
offensiv zum Wert der Gewinnmaximierung bekennt, bekommt vermutlich genauso Schwierigkeiten mit den Aktio-
nären des Unternehmens wie eine Gewerkschaftsfunktionä-

rin mit Gewerkschaftsaktivisten, wenn sie sich nicht für das Ziel einer möglichst erfolgreichen Vertretung der Mitglieder einsetzt – oder dies zumindest so kommuniziert.

Deswegen sind Organisationen häufig wahre »Bekenntnismaschinen«, die sich regelmäßig alle möglichen in der Gesellschaft gefragten Werte auf die Fahnen schreiben. Inzwischen bekennen sich nicht nur Unternehmen, sondern auch Krankenhäuser, Universitäten, Schulen, Verwaltungen, Armeen, Polizeien und Vereine in ausgefeilten Leitbildern zu umfassenden Wertekatalogen. Wegen ihrer Abstraktheit haben diese Wertekataloge zwar »hohe Konsenschancen« (Luhmann 1972, S. 88 f.), aber sie widersprechen allen Anforderungen, die klassischerweise an Strategien gestellt werden (siehe ausführlich dazu Kühl 2016b).

Aber – und darauf hat nicht zuletzt Henry Mintzberg (1990b, S. 184) hingewiesen – abstrakte Formulierungen in Form von Strategien haben ihre Vorteile. Sicherlich – je klarer eine Strategie formuliert und formalisiert wird, desto stärker verankert sie sich in den Denkweisen der Organisationsmitglieder und desto schwerer kann davon abgewichen werden. Eine Organisation, die vorrangig mit abstrakten, interpretationsfähigen Wertformulierungen arbeitet, kann sich jedoch einfacher und schneller an Veränderungen in ihrem Umfeld anpassen.

Ungeplante Zweckwechsel

Strategiewechsel laufen häufig von Kunden, Mitarbeitern oder Zulieferern weitgehend unbeobachtet und manchmal selbst für die Organisationsspitzen überraschend ab (siehe dazu Inkpen und Choudhury 1995). Henry Mintzberg und James A. Waters unterscheiden deswegen zwischen »intendierten Strategien« und »emergenten Strategien« (Mintzberg und Waters

1985). Während man intendierte Strategien systemtheoretisch als entschiedene Entscheidungsprämissen der Organisation bezeichnen würde, würde man die emergenten Strategien als nichtentschiedene Entscheidungsprämissen benennen, also als Entscheidungsprämissen, die sich durch eine Vielzahl von Entscheidungen herausgemendelt haben, ohne dass darüber im Vorfeld formal entschieden wurde.

Über diese Betrachtung des Zusammenspiels von intendierten und emergenten Strategien erhält man aufschlussreiche Einblicke in die Entwicklungsprozesse von Organisationen. Bei einem ersten oberflächlichen Blick würden wir McDonalds als eine große Frittenbude bezeichnen, deren Zweck der möglichst profitable Verkauf von Hamburgern, Pommes Frites und koffeinhaltigen Warm- und Kaltgetränken ist. Faktisch lässt sich McDonalds jedoch eher als einer der größten Immobilienvermieter der Welt mit einem Grundbesitz im Werte von über dreißig Milliarden US-Dollar beschreiben. Das Geschäftsmodell des Konzerns basiert darauf, Kleinunternehmern eine Immobilie zur Verfügung zu stellen, um von ihnen nicht nur den Erlös für die verkauften tiefgekühlten Hackfleischscheiben und Gebühren für die Verwendung des McDonalds-Logos, sondern vor allem stattliche Miet- und Pachtzinsen zu kassieren. Harry J. Sonneborn, in der Frühzeit von McDonalds die graue Eminenz hinter dem Vorstandsvorsitzenden Ray Croc, brachte es gegenüber Banken einmal mit der Aussage auf den Punkt, dass McDonalds nicht in der Fastfood-Branche tätig sei, sondern in erster Linie auf dem Grundstückssektor (vgl. Kühl 2011, S. 61).

Selbstverständlich sind Organisationen nicht völlig frei, ihre Zwecke zu wechseln. Dies allein schon deswegen, weil Unternehmen, Verwaltungen oder Krankenhäuser viel Geld in den Ankauf von Maschinen, die Aus- und Fortbildung von Personal oder die Entwicklung von Abläufen gesteckt haben; Dinge also, die dann nicht ohne Weiteres für einen anderen Zweck der Organisation verwendet werden können. Aus Schwertern mögen sich vielleicht Pflugscharen machen lassen, aber keine Computer. Ingenieure mögen sich mit einigem Aufwand zu Call-Center-Mitarbeitern umschulen lassen, aber nicht zu Elitesoldaten. Ökonomen sprechen hier von »Sunk Costs« – »versenkten Kosten«, die bereits für einen bestimmten Zweck aufgewandt wurden und eben nicht mehr für anderes zur Verfügung stehen. Aber trotz der Bindung, die Organisationen durch frühere Entscheidungen eingegangen sind, ist die Häufigkeit, mit der Organisationen ihre Zwecke wechseln, faszinierend (Kühl 2011, S. 60).

Zweck-Mittel-Verdrehung

Die Diskussion über Kernkompetenzen hat im Strategiediskurs auf einen wichtigen Aspekt aufmerksam gemacht – nämlich den, dass Organisationen bei der Wahl ihrer Zwecke nicht völlig frei sind, sondern dass die zur Verfügung stehenden Mittel die Entscheidung für bestimmte Zwecke stark beeinflussen. Als Kernkompetenzen werden dabei die in einer Organisation vorhandenen Mittel verstanden, die sie in der Lage versetzt, ihre Ziele besser zu erreichen als ihre Konkurrenten (Prahalad und Hamel 1990). Diese Überlegungen basieren auf dem von Jeffrey Pfeffer und Gerald R. Salancik (1978) entwickelten ressourcenbasierten Ansatz, wonach eine Organisation vorrangig von den in ihr vorhandenen Fähigkeiten und Fertigkeiten zu verstehen sei. Kernkompetenzen lassen sich dann als die Ressourcen verstehen, die das Überleben der Organisation sichern, weil die Kernkompetenzen beispielsweise von der Konkurrenz nicht ohne Weiteres imitiert werden können oder weil sie einen schnellen Zugang zu neuen Produkten eröffnen.

Das Konzept macht auf einen wichtigen Punkt aufmerksam. Mittel dienen nicht nur dazu, den Zweck einer Organisation zu erreichen, sondern in der Praxis gewinnen die Mittel oft eine eigene Qualität, die mit dem ursprünglichen Zweck nichts mehr zu tun hat. Die Zwecke, für die die Mittel ursprünglich einmal entwickelt wurden, werden vergessen, und an den Mitteln wird mit einem solchen Enthusiasmus festgehalten, als ob sie selbst der Zweck der Organisation wären. Zensuren sind dann nicht mehr das Mittel, um Schülern eine Kontrolle ihrer Lernfortschritte zu ermöglichen, sondern werden zum eigentlichen Grund für das Lernen. Das Zusammentreffen in kirchlichen Jugendgruppen, in Seniorentreffs in Gemeindehäusern und im postgottesdienstlichen Kaffee-Klatsch ist dann irgendwann nicht mehr Teil der Lobpreisung Gottes im Sinne eines »Wenn zwei oder drei in meinem Namen zusammen sind«, sondern die Pflege der Geselligkeit wird zum Hauptinhalt der Gemeindearbeit (Kühl 2011, S. 64).

Das Problem des Konzeptes der Kernkompetenzen ist, dass die aus systemtheoretischer Perspektive überzeugende Beobachtung, dass viele Zwecke nur auf der Basis vorhandener Mittel definiert werden, zu schnell in ein zweckrationales Verständnis von Organisationen überführt wird. Wenn Kernkompetenzen als eine »harmonische Verbindung von verschiedenartigen Ressourcen und Fertigkeiten« verstanden werden, mit der »eine Firma im Markt hervorstechen kann« (Schilling 2013, S. 117), dann wird so getan, als ob eine Organisation sich in einem Strategieprozess darüber klar werden könne, welche Mittel in der Organisation vorhanden sind, um dann daraus entsprechende Zwecke ableiten zu können. Solche Prozesse der geplanten Suche nach Zwecken für vorhandene Mittel mögen vorkommen, in der Regel laufen diese Prozesse aber eher ungeplant ab.

Zweck-Mittel-Verdrehungen vollziehen sich in der Regel schleichend, sodass sie von den Organisationen selbst häufig kaum wahrgenommen werden. Das Einwerben von zusätzlichen Forschungsgeldern wurde lange Zeit nur als ein Mittel angesehen, um aufwendige Forschungen an Universitäten zu finanzieren. Niemand wäre aber auf die Idee gekommen, das reine Einwerben einer Geldsumme *für* Forschung bereits mit einem wissenschaftlich interessanten Forschungsergebnis zu verwechseln. Aufgrund der Suche nach quantifizierbaren Erfolgsmaßstäben in der Wissenschaft hat sich jedoch die Einwerbung von Forschungsgeldern vielfach vom Mittel zum Zweck gewandelt. Bereits das Einwerben der Gelder für ein Großprojekt, für einen Sonderforschungsbereich oder für ein Forschercluster wird als Zeichen wissenschaftlicher Exzellenz gewertet – und nicht die Forschungsergebnisse, die von den Wissenschaftlern ja erst noch produziert werden müssen. So scheint die Frage nach den eingeworbenen Forschungsgeldern in Bewerbungsverfahren für Professuren – »Wie viel Millionen Forschungsgelder haben Sie denn schon generiert?« – häufig eine wichtigere Rolle zu spielen als die Frage nach der Qualität der publizierten Arbeiten.

Zweck-Mittel-Verschiebungen im Strategieprozess

Wie eine Verschiebung der Mittel zu einer schrittweisen Änderung von Zwecken führen kann, lässt sich beispielhaft im Anschluss an eine bekannte Langzeitstudie von Robert A. Burgelman (1994) über das Unternehmen *Intel* aufzeigen. Anhand seiner Beobachtungen und Dokumentationen rekonstruiert Burgelman, wie sich das Computertechnologieunternehmen im Zeitraum von 1985 bis 1996 von einem Produzenten seiner innovativen Speicherchiptechnologie DRAM zu einem Hersteller von Mikroprozessoren wandelte. Die Analyse zielt vorwiegend darauf ab, sich verändernde Strategien aufzuzeigen und zu erklären. Eine Reinterpretation der Studie nach dem oben beschriebenen Zweck-Mittel-Schema lässt allerdings auch den Schluss zu, dass veränderte Mittel zu einer Neuausrichtung der Zwecksetzung von *Intel* geführt haben.

In der Gründungphase um das Jahr 1968 standen die Entwicklung und ab 1970 der Verkauf der Speicherchiptechnologie DRAM im Fokus der *Intel Corporation*. Mit diesem Produkt verdrängte das Unternehmen die bis dahin gängigen Magnetkern-Speichertechnologien. Nach einem erfolgreichen Markteintritt gelang es *Intel* innerhalb von vier Jahren, Weltmarktführer für Speicherbausteine zu werden. Der Erfolg der *Intel*-Technologie inspirierte jedoch schnell Nachahmer, die dazu übergingen, ähnliche Speicherchips als preiswerteres Massenprodukt auf dem Markt anzubieten. Um sich weiter auf dem Markt zu behaupten, setzte *Intel* zunächst auf die Entwicklung und Herstellung neuer und leistungsfähigerer Produkte. Der Umstand, dass die Situation auf dem Weltmarkt sich änderte und *Intel* von einem innovativen Unternehmen zum Anbieter von Massenprodukten wurde, hatte schließlich aber doch zur Folge, dass *Intel* ab dem Jahr 1974 aus seiner Marktführungsposition zurückgedrängt wurde. Bis zum Jahr 1980 war sein Weltmarktanteil auf rund 3 Prozent gesunken (siehe dazu auch Burgelman und Grove 1996).

Trotz des Verlusts von Marktanteilen bezweckten die Strategieentscheidungen des Unternehmens bis 1985 die Beibehaltung der DRAM-Produktion als Kernkompetenz. Neben der Speichertechnologie DRAM hatte *Intel* aber zwei weitere Produkte auf den Markt gebracht: Mikroprozessoren und EPROMs. Beide waren jedoch lediglich als Nebenprodukte aus der DRAM-Forschung hervorgegangen. Die Mikroprozessoren wurden zunächst lediglich als Mittel zur Umsatzsteigerung gesehen, verdrängten dann aber bis zum Jahr 1985 DRAMs aus dem Produktionsprogramm von *Intel*. Dies geschah, obwohl der offizielle Fokus der Unternehmensstrategie bis 1985 auf die Produktion von DRAMs als Kernprodukt gerichtet war.

Dieser Vorgang vollzog sich in Folge einer Planung, die es vorsah, die Stückzahl der in denselben Werken hergestellten DRAMs, EPROMs und Mikroprozessoren nach deren jeweiliger Gewinnspanne auszurichten. Dabei erwiesen sich die Mikroprozessoren als das rentabelste unter den drei Produkten. Entgegen der Strategieentscheidung des obersten Managements nutzte das mittlere Management die Werkskapazitäten zunehmend für die Produktion von Mikroprozessoren. Die Produktion von DRAMs wurde nach und nach zurückgedrängt (siehe dazu auch Schreyögg 1998, S. 38 ff.).

Der seit 1982 vom mittleren Management vorgebrachte Vorschlag, die DRAM-Produktion in eine Spezialfabrik auszugliedern, wurde vom oberen Management zunächst – nicht zuletzt wegen eines befürchteten Image- und Identitätsverlusts des Unternehmens – abgelehnt. Erst nachdem im Jahr 1984 die Entscheidung anstand, in eine stückkostenreduzierende Großanlage für die DRAM-Produktion zu investieren, wurde der Weg zum Marktaustritt eingeschlagen. Ab Oktober 1985 richteten sich die strategischen Entscheidungen nur noch auf die Produktion von Mikroprozessoren aus. Das Beharren des mittleren Managements auf der von ihm vollzogenen Produktionsstrategie führte schließlich zu einem übergreifenden Zweckwechsel des Unternehmens (Fallstudie basiert auf der Ausarbeitung in Radtke 2015).

Zwecke abhängig von lokalen Rationalitäten

Die Annahme, dass Organisationen aus eindeutigen Zweck-Mittel-Relationen bestehen, wird allein dadurch in Frage gestellt, dass die verschiedenen organisatorischen Einheiten ihre eigenen Ziele und Zwecke ausbilden aufgrund ihrer Ausrichtung auf verschiedene Umweltsegmente und der sich durch die Arbeitsteilung ergebenden unterschiedlichen Zielrichtungen. Rhetorisch rechtfertigt jede Organisationseinheit ihre lokalen Zwecke und Ziele mit dem Oberzweck der Organisation, aber durch die Verabsolutierung der jeweils eigenen lokalen Perspektive in den organisatorischen Einheiten ist nicht möglich, die verschiedenen lokalen Rationalitäten zu einem harmonisch aufeinander abgestimmten Konzept zusammenzuziehen (Cyert und March 1992, S. 165).

Für Strategieprozesse in Organisationen bedeutet dies, dass es nicht nur eine Gesamtsicht auf die Organisation gibt. Niemand – weder Geschäftsführer, Vorstand noch Strategiestab – kann für sich beanspruchen, die »richtige Sicht« auf die Organisation zu haben. Vielmehr sind auch deren Perspektiven immer nur eine der vielen Perspektiven, die innerhalb einer Organisation vorhanden sind. Bei der Erarbeitung einer Strategie stößt man auf ganz unterschiedliche Denkgebäude, Skripte und Schemata der verschiedenen Bereiche innerhalb einer Organisation. Im Prozess der Erarbeitung einer Strategie prallen diese häufig heftig aufeinander.

In der Auseinandersetzung werden – häufig gleichzeitig – ganz unterschiedliche Modi der Einflussnahme eingesetzt. Es ist möglich, dass über die Auseinandersetzung eine Verständigung über die weitere Vorgehensweise entsteht. Die Perspektiven einzelner Bereiche können sich verschieben, weil sie über den Strategieprozess Einblicke in die Denkgebäude, Logiken und Rationalitäten anderer Bereiche erhalten. Es findet aber immer auch der Versuch statt, mit dem eigenen Kurs

Macht über andere zu gewinnen. Es gibt jedoch auch Prozesse des Vertrauens, indem man einzelnen Personen und Gruppen ohne nähere Prüfung zugesteht, etwas Neues auszuprobieren, hoffend, dass sie einen selbst »blind« unterstützen, wenn man selbst einmal etwas Riskantes vorantreiben möchte (siehe dazu Kühl 2016a).

Aus dieser Perspektive ist eine Strategie eine mögliche Ausrichtung, auf die sich verschiedene Gruppen innerhalb der Organisation hinreichend gut verständigt haben. Henry Mintzberg (1978, S. 945) spricht hier von einer »emergenten Strategie«, die nicht von oben entschieden wird, sondern sich in der Auseinandersetzung der verschiedenen Gruppen innerhalb der Organisation herausbildet. Strategien sind, so prägnant Richard Whittington (1993, S. 24), immer das Produkt eines »politischen Kompromisses«, nicht einer »profitmaximierenden Berechnung«.

Zwecke werden nachträglich gesucht

In Untersuchungen über Entscheidungsprozesse in Organisationen wurde die Kritik am zweckrationalen Modell noch weiter radikalisiert. Unternehmen, Verwaltungen oder Universitäten stellen sich auf der Schauseite so dar, dass erst die anzustrebenden Zwecke definiert werden – in aufwendigen Strategieprozessen, in Zielfindungsworkshops oder durch einsame Entscheidungen einer Geschäftsführerin – und dann alle weiteren Entscheidungen auf die Erreichung dieser Zwecke ausgerichtet werden. Die Suggestion ist, dass erst die Ziele und Zwecke kommen und dann die Handlungen.

Solche Fälle kommen in Organisationen sicherlich vor, aber vielfach werden die Strategien erst expliziert, *nachdem* gehandelt wurde und die Effekte der Handlung zu beobachten waren. Wenn Henry Mintzberg (1990a, S. 105 ff.) Strategie als »pattern in a stream of action« bestimmt, dann verweist er darauf, dass diese Muster häufig erst später – nämlich nach den Handlungen – deutlich werden. Gary Hamel (1998, S. 10) stellt diesen Punkt heraus, wenn er betont, dass die »Strategie-Industrie« – die Strategieberatungsfirmen, Business-School-Professoren, Autoren von Managementbüchern – Strategien immer erst erkennen, nachdem sich eine Entwicklung als erfolgreich herausgestellt hat. Die nachträglich angefertigten Erklärungen für organisatorischen Erfolg seien »atemberaubend schön«, aber letztlich hätte sich vorher (!) niemand mit Erfolgsrezepten so weit aus dem Fenster gelehnt. Statt aber jetzt die Suche nach den »Geheimnissen der Entstehung von Strategien« auszurufen, kommt es darauf an, die Normalität solcher nur nachträglich rekonstruierbaren Strategien ins Blickfeld zu nehmen (Kühl 2011, S. 65).

In Organisationen – so das Ergebnis vieler Untersuchungen – wird permanent entschieden, ohne dass immer klar ist, warum und auf welcher Grundlage. Sind durch eine Entscheidung erst einmal Effekte produziert worden, sucht man mögliche Zwecke, die sich zur Rechtfertigung der Entscheidung eignen. Das Entscheidungsverhalten ist, so James G. March, nicht nur ein an Zwecken orientiertes Handeln von Organisationsmitgliedern, sondern ebenso ein permanenter Prozess zur Findung von Zwecken, die bereits erfolgte Handlungen legitimieren können. Kurz: Die »Tat geht häufig dem Ziel voran«, und die »Verkündigung des Ziels ist dann eine Rechtfertigung bereits getaner Schritte« (vgl. March 1976, S. 72).

Solch eine nachträgliche Definition von Zwecken kann man zum Beispiel bei Beratungsprojekten untersuchen, in denen sich die Zwecke erst langsam herauskristallisieren. In Ausschreibungsunterlagen und Beratungsverträgen suggerieren Unternehmen, Verwaltungen und Krankenhäuser, dass sie klare Vorstellungen haben, welche Ziele durch den Einsatz von Beratern erreicht werden sollen – und zwar *bevor* sie einen Auftrag an ein Beratungsunternehmen vergeben. Es gibt Projekte, die sich an solchen ursprünglich vereinbarten Zwecken orientieren; werden aber durch den Einsatz von Beratern unerwartete Effekte produziert, dann müssen hierfür nachträglich die legitimierenden Zwecke gesucht werden. Als Zweck eines Beratungsprojektes wird dann am Ende etwa ausgegeben, dass der Bedarf neuer Weiterbildungsangebote identifiziert wurde, obwohl das Projekt ursprünglich im Kontext einer Diskussion über leistungsgerechte Bezahlungsmodelle stand.

Die ungewollte Erfindung des Polyethylens

Ein Beispiel dafür, wie Zwecke nachträglich definiert werden und so die vorangegangenen Handlungen rechtfertigen, ist die Entdeckung von Polyethylen, dem Stoff, aus dem heute Plastiktüten hergestellt werden (siehe ausführlich dazu Allen 1967). Im Jahr 1933 kam es in einem Labor des Unternehmens *Imperial Chemical Industries (ICI)* zu einer Explosion, bei der ein bisher unbekanntes Produkt entstand. Weil das Risiko bestand, dass es zu erneuten Explosionen kam, wurde untersagt, sich mit dem Stoff näher auseinanderzusetzen (Whittington 1993, S. 87).

Der durch die Explosion zufällig entstandene Stoff drohte – auch aufgrund bestimmter Veränderungen in der Struktur der Organisation – in Vergessenheit zu geraten. Zum einen wurden wegen der Explosion ab dem Jahr 1933 Maßnahmen getroffen, die technischen Möglichkeiten des Labors zu verbessern und die Arbeitssicherheit zu erhöhen. Des Weiteren entschloss das Dystuffs Committee, welches zuvor die Ad-hoc-Experimente zur Erforschung chemischer Prozesse mit Hochdruck gefördert hatte, die Finanzierung hierfür einzustellen. Infolgedessen löste sich das Team auf, das bei der zufälligen Entstehung des unbekannten Stoffes zusammengearbeitet hatte. Nichts deutete in diesem Moment auf die spätere Bedeutung von Polyethylen hin.

Im Jahr 1935 entschloss sich – ohne Deckung von oben – ein Forscher des Unternehmens, der von dem Unfall gehört hatte, das Experiment kontrolliert zu wiederholen. Der erste Versuch erfolgte in den Abendstunden des 19. Dezembers 1935, ohne dass jedoch Aufzeichnungen darüber geführt wurden. Da es erfolgreich verlief, wurde das Experiment am darauffolgenden Tag wiederholt und offiziell protokolliert. Anschließend wurde bis Januar 1936 genügend Polyethylen hergestellt, um die Eigenschaften des Produkts zu untersuchen. Entdeckt wurden dabei die dielektrischen und filmbildenden Eigenschaften des Stoffs, aus dem ein dünnes und robustes Produkt hervorgehen könnte. Plötzlich erschien Polyethylen als ein Stoff, der Potenzial für industriellen Nutzen hatte.

Erst jetzt war das breitere Interesse an der Produktion von Polyethylen geweckt. Noch im August 1936 meldete *Imperial Chemical Industries* ein Patent zur Herstellung von Polyethylen an, das im September 1937 von der Patentbehörde erteilt wurde. Als Erfinder wurden die Teammitglieder aus dem Jahr 1933 sowie der Wissenschaftler, der das Experiment im Jahr 1935 wiederholte, eingetragen. Außerdem enthielt das Patent Vorschläge für Anwendungsgebiete von Polyethylen. Im Anschluss an die Patentvergabe begab man sich im Zeitraum von 1936 bis 1938 bei *Imperial Chemical Industries* auf die Suche nach einem spezifischen Nutzen des Produkts. Als am meisten Erfolg versprechend erwies sich in dieser Zeit die Verwendung von Polyethylen bei der Produktion von Kabelisolierungen. Im September 1938 wurde schließlich die Entscheidung getroffen, Polyethylen in großen Mengen zu produzieren. Großabnehmer waren ab 1939 Hersteller für U-Boot-Elektronik. Erst nach dem Zweiten Weltkrieg begann mit der Plastiktüte der weltweite Siegeszug des Polyethylens, der so durchschlagend war, dass die Verschmutzung mit Polyethylen heute eines der großen globalen Probleme des Umweltschutzes ist (basierend auf der Fallausarbeitung in Radtke 2015).

Karl Weick bezeichnet diesen Prozess der nachträglichen Zweckfindung als »Sensemaking« – als den Prozess des »Sich-einen-Reim-auf-etwas-Machen«. Insofern kann Strategie – so Karl Weick (1987, S. 221) im Anschluss an Edward de Bono (1984, S. 143) – am besten als Glück verstanden werden, das im Nachhinein rationalisiert wird. Der Sinn einer Handlung oder Entscheidung werde, so Weick, häufig erst nachträglich konstruiert, weil man in der Regel erst durch die Handlungen näher herausfindet, wozu das eigentlich nutzt. »Wie kann ich wissen, was die Zwecke der Organisation sind«, so der klassische, Zweckrationalisten in Wallung versetzende Grundgedanke, »solange ich nicht sehe, was in der Organisation entschieden wird?« Die Aufgabe des Managements bestehe, so die Schlussfolgerung Weicks, nicht so sehr darin, geeignete Zwecke für die Organisation zu definieren und daraus Mittel abzuleiten, sondern vielmehr darin, einen Rahmen zu schaffen, in dem die vielen verschiedenen Entscheidungen, die in der Organisation getroffen werden, interpretiert und geordnet werden können (Weick 1995, S. 9 ff.).

Wie kann jetzt ein Prozess der Strategieformulierung und Strategieimplementation aussehen, der auf solche Effekte Rücksicht nimmt?

3 Strategieentwicklung jenseits eines maschinenartigen Verständnisses von Organisationen

Auch in den klassischen zweckrationalen Konzepten des Strategiemanagements wird zugestanden, dass Strategieprozesse häufig ganz anders ablaufen, als es in den Lehrbüchern steht. Es wird kritisiert, dass Organisationen manchmal keine klare Strategie verfolgen, konkurrierende Strategien gleichzeitig umsetzen, ihre Strategien sehr häufig wechseln oder Strategien nur für ihre Außendarstellung nutzen, aber nach innen nicht wirkmächtig werden lassen. Aber all das wird im klassischen Strategieverständnis als Pathologie einer Organisation verstanden, der mit einer besseren Planung, einem besseren Design der Organisation beizukommen ist.

Faktisch war diese Herangehensweise eine der Ursachen für den Boom der großen Strategieberatungsfirmen (siehe dazu Nicolai 2000, S. 228 ff.). Gerade weil beim Topmanagement ein gern auch verbal dramatisierter Druck durch »turbulente Märkte«, »hohe Unsicherheit« und »Hyperkomplexität in der Umwelt« wahrgenommen wird, versprechen die von den Beratern angebotenen systematischen Prozesse zur Suche neuer, besserer Mittel wenigstens ein bisschen Sicherheit. Wenn dann eine mit Hilfe der Berater definierte Strategie, die häufig eine von den Beratern definierte Strategie ist, nicht aufgeht, dann wird das Problem nicht in der zweckra-

tionalen Vorgehensweise der Organisation gesehen, sondern
es wird sofort mit anderen, manchmal aber auch mit den gleichen Beratern der nächste Suchprozess begonnen.

Das Problem ist, dass die klassische zweckrationale Vorgehensweise für die Entwicklung von Strategien ungeeignet ist,
wenn der Prozess unter Bedingungen von Ungewissheit statt-
findet. Häufig treten Störungen auf, die man nicht vorausah-
nen konnte und die sich in ihren Wirkungen häufig auch noch
potenzieren. Grundlegende Veränderungen können für alle
Beteiligten unerwartet auftreten, weswegen Prognosen über
die Entwicklung in den organisationalen Feldern unzuverläs-
sig sind (siehe Levy 1994, S. 170 ff.). Kurz: Das Wissen über die
Ausgangslage ist ungenau, weil man nur unzureichende Informationen hat und das Ziel für den Strategieprozess sich nur
unscharf formulieren lässt.

Deswegen haben sich in Kontrast zu diesen immer noch
von den großen Strategieberatungsfirmen propagierten zweckrationalen Vorstellungen in den letzten Jahrzehnten Vorschläge für eine grundlegend andere Vorgehensweise in
Strategieprozessen ausgebildet. Ansätze wie der »logische Inkrementalismus«, die »lernende Strategieentwicklung«, das
»Graswurzelmodell der Strategieentwicklung«, die »diskursive Strategiegestaltung« oder »Effectuation« unterscheiden
sich im Detail, basieren in ihrem Kern aber auf einer ganz
ähnlichen Vorgehensweise.

3.1 Emergenz der Vorgehensweise

Die Grundidee hinter diesen Konzepten besteht darin, die
enge zweckrationale Vorstellung, dass für einen genau definieren Zweck geeignete Mittel gesucht werden sollen, aufzulösen. In der Organisationsforschung ist herausgearbei-
tet worden, dass man einem Trugschluss aufsitzt, wenn man

glaubt, dass in Strategieprozessen rational handelnde Akteure Lösungen für vorher definierte Probleme suchen würden. In den meisten Fällen seien die Probleme nur vage bekannt, die Ziele einer Organisation unklar oder widersprüchlich, und die Entscheider fänden häufig eher zufällig zusammen. Die Probleme, Lösungen und Akteure seien in einem Strategieprozess nur lose miteinander gekoppelt und würden eher zufällig aufeinandertreffen. Strategische Entscheidungsprozesse seien wie ein Mülleimer, der mit Problemen, Lösungen und Akteuren gefüllt ist, die sich ziemlich beliebig aneinanderbinden (Cohen et al. 1972).

Sicherlich – in diesem Prozess kann es zwar passieren, dass für ein bestimmtes Problem eine Lösung gesucht wird. Genauso häufig – oder sogar noch häufiger – wird aber der Fall auftreten, dass für eine gerade vorhandene Lösung ein passendes Problem gesucht wird (vgl. Starbuck 1982, S. 16 f). Dies ist zum Beispiel der Fall, wenn sich viele entscheidende Probleme in Organisationen anhäufen. Um die durch die Vielzahl von Problemen entstehende Komplexität zu lösen, sucht ein Akteur das passende Problem für eine sowieso gerade vorhandene Lösung. Eine andere Situation ist es, wenn Probleme, die einige Zeit zur Lösung anstanden, aber keiner Lösung zugeordnet werden konnten, von den Entscheidungsträgern einfach so lange zurückgestellt werden, bis sich vielleicht eine bessere Entscheidungsgelegenheit ergibt (Cohen et al. 1972). Es gibt vielfältige Beispiele für solche Formen der strategischen Entscheidungsfindung.

Wenn man sich beispielsweise die offizielle Darstellung eines Forschungsprozesses in der Wissenschaft oder in der Wirtschaft ansieht, dann liest sich das häufig so, als ob mit Hilfe von ausgewählten Experten eine Lösung für ein Problem gesucht würde. Wir wissen aber inzwischen aus der Wissenschaftsforschung, dass diese Prozesse häufig anders ablaufen. Forscher stoßen ganz zufällig auf eine Lösung, für die sie eigentlich gar kein Problem haben. Sie überlegen sich also eine Fragestellung, für die diese Lösung passen kann. In der Außendarstellung wirkt es dann so, als wenn – ganz nach dem zweckrationalen Modell – eine Lösung für ein Problem (beziehungsweise ein Mittel für einen Zweck) gesucht wurde. In der Realität war aber zuerst eine wissenschaftliche Lösung da, für die nachträglich ein wissenschaftliches Problem gefunden wurde.

Beratungsunternehmen – Das Finden von Problemen für bereits existierende Lösungen

Ein Beispiel für die nachträgliche Zuordnung von Managementproblemen zu bereits existierenden Mitteln und Lösungen beschreibt Alexander Gruber (2015) in einer Studie zu Beratungsprojekten im strategischen Personalmanagement. In seiner Fallstudie bearbeitet ein Unternehmensberaterteam in verschiedenen Beratungsprojekten und Unternehmen unterschiedliche Problemstellungen des strategischen Personalmanagements mit immer gleichen Beratungsansätzen und Steuerungsinstrumenten. Die Berater verfügen über einen »Materialpool«, der für verschiedenste Anfragen und Aufträge passende Präsentations- und Arbeitsmaterialien bereithält. Er enthält unter anderem einen größeren Fundus an Präsentationsfolien, Fragebögen, Diagrammvorlagen und Personalsteuerungs-Werkzeugen wie Personalportfolios, Kompetenzkataloge und Personalflussplanungen.

Obwohl diese Instrumente ursprünglich aus in einzelnen, konkreten Projektsituationen entstandenen Versatzstücken im Kontext spezifischer Probleme entwickelt wurden, gerinnen sie nach und nach zu generalisierten Beratungstools und erhalten als solche einen gewissen Selbstwert, der in unterschiedlichen Projekt-settings und sogar bei Akquiseversuchen genutzt wird.

Die Instrumente und Tools werden dann in verschiedenen Projekten immer nur zum Teil an die aktuellen Kundenbedürfnisse angepasst, indem etwa ein vorgefundenes Aufbauorganigramm eingearbeitet wird und die jeweils passenden Mitarbeiterzahlen hinterlegt werden. Der konzeptionelle Aufbau der Steuerungsinstrumente mit Kompetenzprofilen, Anforderungskarten, Personalportfolios und Personalflussplanungen bleibt dabei jedoch stets gleich. So werden für Einzelsituationen entwickelte Instrumente nach und nach zu einem generell bewährten, strategisch wirksamen Handwerkszeug und wandern mit dem Beraterteam von Projekt zu Projekt.

Ansätzen wie dem »logischen Inkrementalismus«, der »lernenden Strategieentwicklung«, dem »Graswurzelmodell der Strategieentwicklung«, der »diskursiven Strategiegestaltung« oder »Effectuation« ist gemein, dass sie versuchen, diese in der Realität ablaufenden, immer wieder zu findenden Entscheidungsprozesse nicht durch eine zweckrationale Form der Strategiegestaltung zu ersetzen, sondern vielmehr auf diese »wilden« Entscheidungsprozesse im Rahmen eines Strategieprozesses Einfluss zu nehmen.

Was heißt das konkret?

3.2 Die Suche nach Mitteln für Zwecke und die Suche nach Zwecken für vorhandene Mittel

In dem von uns favorisierten Ansatz kommt es darauf an, den Strategieprozess so anzulegen, dass für vorher definierte Zwecke geeignete Mittel gesucht werden können und die Organisation gleichzeitig offen dafür gehalten wird, für existierende Mittel geeignete Zwecke zu suchen. Es geht also nicht darum, auf die klassische Vorgehensweise bei der Formulierung von Strategien – die Suche nach Mitteln für definierte Zwecke – zu verzichten, sondern auch die für viele Organisationen ungewöhnliche Suche nach Zwecken für vorhandene Mittel ins Auge zu fassen.

Der erste Ansatz – die Suche nach Mitteln für bereits definierte Zwecke – wird von Organisationen häufig intuitiv gewählt, wenn sie das Wort Strategie hören. Es wird dabei ein Zweck bestimmt, auf den sich möglichst viele einigen können, und dann wird mit oder ohne Hilfe von Beratern überlegt, mit welchen Mitteln – oder anders ausgedrückt: Strategien – dieser Zweck erreicht werden kann. Diese Vorgehensweise kann in vielen Situationen einer Organisation Sinn machen. Häufig existieren genau vorgegebene Ziele, für die dann geeignete Mittel gefunden werden sollen. Wenn eine Organisation den Auftrag erhält, die Olympischen Spiele an einen Ort zu holen, dann ist dieses Ziel eindeutig definiert, und es macht keinen Sinn, so zu tun, als ob es nicht um die Suche nach geeigneten Mitteln zur Erreichung dieses Zieles ginge.

In der Strategiediskussion wird dieses Modell als »Treibhausmodell« der Strategieformulierung bezeichnet (Mintzberg und McHugh 1985). Bevor ein Treibhaus geplant und gebaut wird, überlegen die Planer, welche Gemüsearten sie wie anbauen möchten. Dann wird nach den besten Mitteln gesucht, um den Zweck – nämlich den kostengünstigsten Anbau einer Gemüsesorte – zu erreichen. Das Treibhaus wird dann nach Plan umgesetzt, und am Ende wird überprüft, ob auch jeden Tag die geplante Anzahl von Tomaten, Gurken oder Paprika geerntet werden kann.

Der zweite Ansatz – das Ausbilden von Zwecken für vorhandene Mittel – dreht diese Logik grundlegend um. Dabei wird gefragt, welche Mittel in der Organisation vorhanden sind, auf deren Basis man verschiedene, unterschiedliche Ziele anstreben kann. Gefragt wird dabei nicht, ob Ressourcen vorhanden sind, um ein Ziel zu erreichen, sondern ob Ressourcen verfügbar sind, mit denen man eine vielversprechende Entwicklung vorantreiben kann. Kalkuliert wird nicht der erwartete Ertrag (der ja einen genauen Zweck vorausgesetzten würde), sondern der Verlust, der schlimmstenfalls entstehen kann (vgl. Sarasvathy 2001, S. 245 ff). Diese Vorgehensweise eignet sich, wenn die Ziele nicht ohne Weiteres fixierbar sind, weil man sich selbst noch nicht klar ist, wie sich ein Feld entwickeln kann, oder weil die Ziele mit anderen Akteuren noch verhandelt und vereinbart werden müssen (vgl. March 1976, S. 74 ff.). Wenn ein risikokapitalfinanziertes Unternehmen versucht, sich mit einem neuen Produkt in einem neuartigen Markt zu platzieren, kann es gar nicht wissen, wie dieses Vorhaben am Ende eigentlich ausgehen wird. Es geht eher darum, verschiedene, auch unterschiedliche Entwicklungen voranzutreiben und zu schauen, welche sich hält.

Diese Vorgehensweise wird auch als das Graswurzelmodell der Strategieformulierung bezeichnet (Mintzberg und McHugh 1985). Strategien würden wie Unkraut in einem Garten wuchern und auch an ungewöhnlichen Stellen im und außerhalb des Gartens Wurzeln schlagen. Manchmal sei ein Unkraut so erfolgreich, dass es sich im ganzen Garten ausbreiten würde. Manchmal werde das Unkraut vom Gärtner wieder entfernt, in einigen Fällen lasse man es sich aber ausbreiten und unterstütze es in der Ausbreitung vielleicht auch. In

Grafik 2 Unterschied zwischen kausaler Logik und
Effectuation-Logik

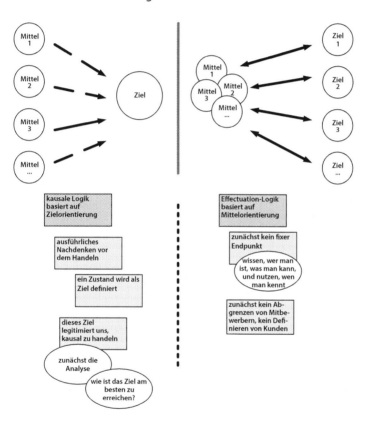

den meisten Fällen vergehe das Unkraut aber von allein, weil es sich an den Standorten nicht halten könne.

In fast allen Strategieprozessen macht es wenig Sinn, entweder nur den einen oder nur den anderen Weg einzuschlagen. Vielmehr kommt es darauf an, beide Herangehensweisen miteinander zu verknüpfen.

3.3 Strategische Erprobungen – die Aufhebung der Trennung von Strategieentwicklung und Strategieimplementierung

Ein gemeinsamer Grundgedanke des »logischen Inkrementalismus«, der »lernenden Strategieentwicklung«, der »diskursiven Strategiegestaltung« und der »Effectuation« ist es, mit kleineren Maßnahmen zu beginnen, noch bevor die Bewertung verschiedener Alternativen stattgefunden hat. Damit weichen diese Ansätze grundsätzlich von der klassischen Vorgehensweise in der Strategieentwicklung ab, in der propagiert wurde, dass man erst die verschiedenen Mittelalternativen beurteilen sollte, bevor mit der Umsetzung begonnen werde (siehe kritisch zur klassischen Vorgehensweise Bourgeois und Brodwin 1984; Hart und Banbury 1994).

Für diese sich im Strategieprozess langsam vortastende Vorgehensweise haben sich verschiedene Begriffe eingebürgert. Die Rede ist von »Patching« – also dem Flicken an einer Strategie für die Organisation. Aus der Entwicklung von Software ist der Begriff des »Sprints« in die Strategiedebatte eingesickert. Dabei geht es darum, in einer sehr kurzen Zeit eine Maßnahme mit einer eigenen abgeschlossenen Funktionalität zu etablieren, um feststellen zu können, wie sich diese bewährt. Wir sprechen auch vom »Inkrementing« im Strategieprozess, um deutlich zu machen, dass einzelne Schritte isoliert voneinander angegangen werden können. Am eingängigsten ist aber vermutlich der Begriff der »Erprobung«, weil er überzeugend suggeriert, dass man bewusst offenhält, ob sich eine Maßnahme bewähren wird oder nicht.

Bei dieser Vorgehensweise wird kein Masterplan zur Erreichung eines gewünschten Zweckes aufgestellt, sondern es wird – nach einer ersten Prüfung möglicher Vorgehensweisen – eine Reihe von Erprobungen gestartet. Der Vorteil dieser Vorgehensweise ist, dass so kleinere Maßnahmen ausprobiert werden können, die ohne große Verluste wieder auslaufen oder zurückgenommen werden können. Die Idee von Charles Lindblom (1965, S. 143 ff.), der als einer der Ersten diese Vorgehensweise ins Spiel gebracht hat, ist, dass bei diesen Erprobungen immer nur Einzelprobleme angegangen werden und sich erst aus der Lösung der Einzelprobleme dann eine mehr oder minder konsistente Gesamtstrategie herausmendelt.

Für diese Vorgehensweise spricht, dass zu Beginn einer Erprobung weder über die Mittel noch über die zu erreichenden Zwecke ein breiter Konsens in der Organisation bestehen muss. Das erspart der Organisation, im Rahmen des Strategieprozesses über jede Vorgehensweise eine für die gesamte Organisation verbindliche Entscheidung treffen zu müssen, was gerade in mikropolitisch aufgeladenen Situationen häufig sehr schwierig ist.

Anders als im klassischen Strategieprozess gibt es bei dieser Vorgehensweise keine objektiven Kriterien für eine »richtige Strategie«. Vielmehr gilt: Wenn über den Start einer Erprobung Einigung erzielt wurde – sei es auch nur, dass die Maßnahme geduldet wird oder Stillhalten verabredet wurde –, dann wird diese Erprobung erst mal als ein »gangbarer Weg« in Erwägung gezogen (vgl. Schreyögg 1984, S. 222). Ob eine Erprobung sich für die Organisation eignet, wird also nicht vorab für die Organisation entschieden, sondern zeigt sich daran, ob sich eine Maßnahme durchsetzt oder nicht.

Die Fabel, mit der im Management die Sinnhaftigkeit von Erprobungen im Strategieprozess illustriert wird, handelt von Bienen und Fliegen. Wenn man – so die inzwischen häufig wiederholte Geschichte – ein halbes Dutzend Bienen und ein halbes Dutzend Fliegen in eine offene Flasche stecken würde und den geschlossenen Flaschenboden Richtung Sonne ausrichten würde, würden die Bienen so lange versuchen, eine Öffnung im Flaschenboden zu finden, bis sie vor Erschöpfung sterben würden. Die Fliegen würden jedoch innerhalb weniger Minuten durch den Flaschenhals entweichen. Das Problem der vergleichsweise intelligenten Bienen sei, dass sie versuchen würden, das Problem des Entweichens systematisch zu lösen – sie setzen auf die ihnen am logischsten erscheinende Strategie. Die deutlich weniger intelligenten Fliegen, die gar nicht erst versuchen würden, eine zielgerichtete Strategie zu entwickeln, würden durch wildes Hin-und-Herfliegen quasi automatisch eine geeignete Lösung finden (die Geschichte findet sich z. B. bei Peters und Waterman 1982, S. 108, oder Mintzberg et al. 1999, S. 207).

3.4 Die Prozess-Architektur für die Entwicklung von Strategien – die Auflösung des klassischen Phasenmodells

Die hier vorgeschlagene Vorgehensweise läuft auf eine Abkehr vom klassischen, linear ablaufenden Strategieprozess hinaus. Anstatt die Phasen Zielsetzung, Sondierung, Ist-Analyse, Hypothesenbildung, Detailkonzepterarbeitung, Entscheidung, Implementierung und Erfolgskontrolle hintereinander ablaufen zu lassen, werden diese Prozess-Schritte miteinander verwoben. Zu Beginn wird nur ein grobes Ziel in Form eines geteilten Zielkorridors festgelegt. Ist-Analyse, Hypothesenbildung, Detailkonzepterarbeitung, Entscheidung, Erpro-

Grafik 3 Klassisch-linearer Strategieprozess versus simultaner Strategieprozess

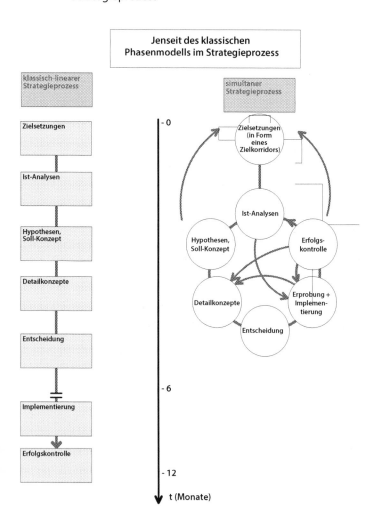

bung, Implementierung und Erfolgskontrolle finden weitgehend parallel statt.

Die Strategieimplementierung wird also in die Strategieentwicklung integriert, wodurch die in klassischen Prozessen
üblichen Brüche vermieden werden. Dadurch, dass die Kon-
zepterstellung, die Erprobungen und die Rückkopplungen
gleichzeitig stattfinden, kann der Strategieprozess beschleu-
nigt werden.

Diese Prozess-Architektur verschiebt auch die Bedeutung
der am Strategieprozess beteiligten Akteure. Aus der hier vor-
geschlagenen Perspektive sind es die operativen Bereiche der
Organisation, die eine Neuausrichtung vorantreiben (siehe
dazu Noda und Bower 1996, S. 161). Es sind eher die Manager der unteren und mittleren Ebene, die Möglichkeiten für
kleinere Erprobungen identifizieren, umsetzen und evaluieren können.

Die Rolle des Topmanagements besteht eher darin, als »Ka-
talysator für die Entwicklung neuer Strategien« zu wirken.
Die Geschäftsleitung will den strategischen Prozess nicht län-
ger beherrschen unter dem Aspekt, ein schon beschlossenes
Ergebnis zu realisieren, sondern »erkennt den weitverzweig-
ten Ideengenerierungs- und Entschlussprozess an« und versucht, ihn über die Festlegung der »Spielregeln« vorzusteu-
ern (Schreyögg 1998, S. 41 f.). Es geht also nicht darum, von
der Spitze aus die Prozesse der Strategieentwicklung und Strategieformulierung im Detail zu planen und zu überwachen,
sondern eher im Rahmen einer »Meta-Steuerung« oder einer
»Meta-Planung« den Rahmen für die Strategieentwicklung
abzustecken, die verschiedenen »Vorschläge«, »Impulse« oder
»Strategieformulierungen« aufzugreifen, zu prüfen und zu se-
lektieren und zu gewährleisten, dass auch konkurrierende In-
itiativen in der Organisation vorangetrieben werden können
(Schreyögg 1998, S. 42).

Die Strategieplaner und die Berater der Organisation können in dieser Perspektive nicht für sich beanspruchen, die Strategie »besser« als die dezentralen Bereiche der Organisation formulieren zu können. Sicherlich – sie können versuchen, über die Einbindung der Bereiche an Informationen heranzukommen, Formulierungen für Strategien vorzuschlagen und diese dann mit der hierarchischen Macht der Organisationsspitze auch durchzusetzen. Aber am Ende werden diese »von oben« formulierten Strategien in den meisten Fällen entweder in der Phase der Umsetzung versanden oder – schlimmer noch – im Realitätstest der Praxis scheitern. Die Rolle der Planungsstäbe und Berater liegt eher in der Funktion von »Geburtshelfern«, die die dezentralen Bereiche dabei unterstützen, ihre Vorstellungen herauszuarbeiten. Die Vorstellungen sind häufig nur vage in den Köpfen der Initiatoren vorhanden, und die Aufgabe der Planungsstäbe und Berater besteht darin, diese so herauszuarbeiten, dass man sich mit ihnen auseinandersetzen kann und muss.

4 Zur Einordnung von Strategieprozessen – Zwecke als ein Strukturierungsmerkmal unter anderen

Die Anhänger einer zweckrationalen Sichtweise auf Strategieprozesse brauchen sich durch solche vielfältigen »Verschmutzungen« ihres auf Zweckoptimierung ausgerichteten Organisationsbildes nicht irritieren zu lassen: Werden Zweck-Mittel-Verdrehungen in der Organisation beobachtet, kann in Strategieklausuren die »Besinnung« auf die ursprünglichen Zwecke der Organisation verlangt werden. Verhindert die Ausrichtung auf zwei widersprüchliche Zwecke eine stromlinienförmige Durchrationalisierung von Prozessen, dann wird eine klare Strategie der Aufspaltung in zwei unterschiedliche Organisationen mit je einem klaren Zweck gefordert.

Auf diese Weise kann man sich erfolgreich gegen die durch die alltägliche Praxis in Organisationen ausgelösten Verunsicherungen des klassischen Zweckmodells immunisieren. Motto: Entspricht die Realität nicht meinen PowerPoint-Folien mit ihren schlichten Zweck-Mittel-Schemata – schlecht für die Praxis. Die Abweichung wird von Managern, Beratern oder Wissenschaftlern zum Anlass genommen, »klarere Ziele«, »eindeutige Definitionen von Zwecken« oder die »Aufhebung von Zweckkonflikten« zu verlangen. Der Zweck wird in den Strategieprozessen zu einer Art Fetisch, an dem man bei der Organisationsanalyse festhält. Als Beobachter fühlt man sich an Sisyphos erinnert, der den Stein in immer neuen Strategieprozessen auf den Hügel der Zweckrationalität zu rollen versucht, obwohl der Stein ihm immer, immer wieder entgleitet. Aber gerade dieses ewige Scheitern an den eigenen Rationalitätsansprüchen, so könnte man ketzerisch anmerken, hält Sisyphos in Bewegung – und die Strategen unter den Managern und Beratern beschäftigt. Und vermutlich ist das in gewissem Grade – Stichwort Scheuklappen der Organisation – auch gut so.

Das in der klassischen Strategielehre gezeichnete Bild der zweckrationalen Organisation ist jedoch nur eine simplifizierte Karikatur der Realität von Organisationen. Sicherlich – das aus Zweck-Mittel-Beziehungen gezeichnete Bild der Organisation wirkt zugegebenermaßen einfach, übersichtlich und verständlich. Analysen von Organisationen lassen sich auf der Basis dieses Bildes relativ einfach anfertigen. Je nach Komplexität des Problems braucht man einfach nur mehr oder weniger Rechnerkapazitäten, Strategieexperten oder wissenschaftliche Hilfskräfte, um die richtige strategische Lösung für die Organisation zu »errechnen«. Aber leider hat dieses Bild von Organisationen nur noch wenig mit der Realität zu tun.

Produktiver ist es, nach der Logik hinter all diesen »Verschmutzungen« des klassischen, an Zwecken ausgerichteten Bildes von Organisationen zu fragen. Weshalb machen der Wechsel von Zwecken, die Weiterexistenz bei Erfolg oder Zweckverfehlungen und Zweck-Mittel-Verdrehungen Sinn? Was ist die Rationalität hinter der Ausrichtung auf mehrere konkurrierende Zwecke einer Organisation? Warum können Organisationen auf möglichst attraktive, die Entscheidungen aber kaum anleitenden Formulierungen nicht verzichten?

Man stelle sich nur vor, dass der Traum der Zweckrationalisten – nämlich die Ausrichtung auf einen einzigen Zweck – wirklich wahr würde?

Man kann sich das Problem am Beispiel einer Person deutlich machen. Vermutlich würde die Person sehr schnell an ihrer rigiden Ausrichtung an nur einem Zweck zerbrechen (vgl. Kieserling 2004). Eine Forscherin, die den einzigen Sinn ihres Lebens darin sähe, eines der wissenschaftlichen Welträtsel zu lösen, müsste irgendwann künstlich ernährt werden, weil ihr eine so banale Sache wie die Nahrungsaufnahme zu unwichtig erschiene. Sie würde also quasi von außen gezwungen, auch andere Zwecke ernst zu nehmen. Ein Mann, dessen einziger Gedanke dem Sex gälte und für den jede Situation – das Erteilen von Befehlen im Betrieb, das Unterrichten in Universitätsseminaren oder das Agitieren auf Parteiversammlungen – ausschließlich die Möglichkeit zur Rekrutierung neuer Geschlechtspartner oder Geschlechtspartnerinnen darstellt, würde irgendwann ein Fall für die Anonymen Sexsüchtigen, weil die ausschließliche Orientierung an Sex in vielen Situationen als unangebracht wahrgenommen wird.

Aber trotzdem – und dieser Punkt ist für die Strategiediskussion wichtig – können auch Personen Zwecke nicht völlig erratisch handhaben. Personen können an Zweckrigidität zerbrechen, aber sie können auch an der Unfähigkeit zugrunde gehen, sich wenigstens für kurze Zeit auf einen – und nur einen – Zweck konzentrieren zu können. Die Mitarbeiterin, die in dem Meeting zur Positionierung einer neuen elektrischen Zahnbürste nicht nur phasenweise, sondern andauernd durch andere interessante Gedanken wie die romantischen Erlebnisse der vergangenen Nacht, einen neuen Rekord beim Computerspiel Pac-Man und die noch nicht ausgeräumte Geschirrspülmaschine abgelenkt wird, stößt auf Akzeptanzprobleme. Umkehrt wird aber auch der Manager Akzeptanzprobleme bekommen, wenn er beim romantischen Dinner mit seiner neuen Geliebten durch Anrufe, SMS und E-Mails permanent an andere Verpflichtungen erinnert wird und dann nicht mehr sicher ist, an welchem Zweck er sich eigentlich orientieren soll.

In der Praxis dominiert der *Zweckopportunismus* – die mehr oder minder sprunghafte Anpassung der jeweils verfolgten Zwecke an die existierenden Möglichkeiten und Zwänge (vgl. Cyert und March 1963, S. 35 f. und 118). Man wechselt – je nach Druck und Möglichkeiten – zwischen den unterschiedlichen Zwecken hin und her. Wenn man gerade verliebt ist, dann lässt man die Arbeit ein bisschen schleifen. Und bekanntlich schreiben sich die besten Bücher in Phasen, in denen man nicht durch das alltägliche Chaos der Liebe abgelenkt wird. »Mal kommt das Fressen, mal die Moral.«

Zwecke sind *eine* Möglichkeit, eine Organisation zu programmieren, aber eben nur eine. Es kann vorkommen, dass Zwecke als »Führgröße« für die strategische Suche beispielsweise nach geeigneten Personen und nach sinnvollen organisatorischen Zuordnungen genutzt werden. Genauso kann es aber auch vorkommen, dass man eine Person bereits hat und geeignete Aufgaben – einen Zweck – für sie sucht, oder dass allein die Menge von vorhandenen Stellen als »Symbol für die Größe und Bedeutung einer Organisationseinheit« gehandelt wird und man für diese Stellen Aufgaben und Personen sucht (vgl. Luhmann 2000, S. 235).

Die vielfältigen Abweichungen von der Ausrichtung auf einen einzigen Zweck erscheinen aus dieser Perspektive nicht mehr – wie im klassischen zweckrationalen Organisationsmodell – als Pathologie, sondern vielmehr als Ausdruck der Anpassungsfähigkeit von Organisationen. Der bewusste oder unbewusste Wechsel von Zwecken, die Weiterexistenz der Organisation bei Erreichen oder Verfehlen des Zweckes, die Verdrehung von Zwecken und Mitteln oder die Nutzung von Zwecken zur nachträglichen Rechtfertigung von Entscheidungen sind dann gerade Ausdruck der – um das große Wort zu verwenden – »Intelligenz« von Organisationen.

Literaturverzeichnis

Allen, James Albert (1967): Studies in Innovation in the Steel and Chemical Industries. Manchester: Manchester University Press.

Amburgey, Terry L.; Dacin, T. (1994): As the Left Foot Follows the Right? The Dynamics of Strategic and Structural Change. In: *Academy of Management Journal* 37, S. 1427–1452.

Ameln, Falko von; Kramer, Josef; Stark, Heike (2009): Organisationsberatung beobachtet. Hidden Agendas und Blinde Flecke. Wiesbaden: VS Verlag für Sozialwissenschaften.

Becker, Albrecht (1996): Rationalität strategischer Entscheidungsprozesse. Ein strukturationstheoretisches Konzept. Wiesbaden: DUV Deutscher Universitäts-Verlag.

Bickhoff, Nils (2008): Quintessenz des strategischen Managements. Was Sie wirklich wissen müssen, um im Wettbewerb zu überleben. Berlin, Heidelberg: Springer.

Bono, Edward de (1984): Tactics. The Art and Science of Success. Boston: Little, Brown & Company.

Bourgeois, L. J.; Brodwin, David R. (1984): Strategic Implementation. Five Approaches to an Elusive Phenomenon. In: *Strategic Management Journal* 5, S. 241–264.

Bresser, Rudi K. F. (1998): Strategische Managementtheorie. Berlin, New York: Walter de Gruyter.

Burgelman, Robert A. (1994): Fading Memories. A Process Theory of Strategic Business Exit in Dynamic Environments. In: *Administrative Science Quarterly* 39, S. 24–56.

Burgelman, Robert A.; Grove, Andrew S. (1996): Strategic Dissonance. In: *California Management Review* 38, S. 8–25.

Campana, Christophe (2005): Warum Projektmanagement für jedes Unternehmen ein kritischer Erfolgsfaktor ist. In: Eric Schott und Christophe Campana (Hg.): Strategisches Projektmanagement. Berlin: Springer, S. 3–28.

Chandler, Alfred D. (1962): Strategy and Structure. Cambridge: MIT Press.

Cloutier, Charlotte; Whittington, Richard (2013): Strategy-as-Practice. In: Eric H. Kessler (Hg.): Encyclopedia of Management Theory. Los Angeles, London, New Delhi, Singapore, Washington, D. C.: Sage, S. 803–806.

Cohen, Michael D.; March, James G.; Olsen, Johan P. (1972): A Garbage Can Model of Rational Choice. In: *Administrative Science Quarterly* 17, S. 1–25.

Cyert, Richard M.; March, James G. (1963): A Behavorial Theory of the Firm. Englewood Cliffs: Prentice-Hall.

Cyert, Richard M.; March, James G. (1992): A Behavioral Theory of the Firm. Cambridge: Blackwell.

David, Robert J. (2012): Institutional Change and the Growth of Strategy Consulting in the United States. In: Matthias Kipping und Timothy Clark (Hg.): Management Consulting. Oxford, New York: Oxford University Press, S. 71–92.

Doran, George T. (1981): There's a S.M.A.R.T. Way to Write Management's Goals and Objectives. In: *Management Review* 70, S. 35–36.

Drucker, Peter F. (1964): Managing for Results. New York: Harper & Row.

Georgiu, P. (1973): The Goal Paradigm and Notes toward a Counter Paradigm. In: *Administrative Science Quarterly* 18, S. 291–310.

Goold, Michael; Campbell, Andrew (1987): Strategies and Styles. The Role of the Centre in Managing Diversified Corporations. Oxford: Blackwell (The London Business School Centre for Business Strategy series).

Gross, Edward (1969): The Definition of Organizational Goals. In: *British Journal of Sociology* 20, S. 277–294.

Gruber, Alexander (2015): Beraten nach Zahlen. Über Steuerungsinstrumente und Kennzahlen in Beratungsprojekten. Wiesbaden: VS Verlag für Sozialwissenschaften.

Hall, David; Saias, Maurice A. (1980): Strategy Follows Structure! In: *Strategic Management Journal* 1, S. 149–163.

Hamel, Gary (1998): Strategy Innovation and the Quest for Value. In: *Sloan Management Review* 4, S. 7–14.

Hart, Stuart; Banbury, Catherine (1994): How Strategy-Making Processes Can Make a Difference. In: *Strategic Management Journal* 15, S. 251–269.

Hendry, John; Seidl, David (2003): The Structure and Significance of Strategic Episodes. Social Systems Theory and the Routine Practices of Strategic Change. In: *Journal of Management Studies* 40, S. 175–196.

Hofer, Charles W.; Schendel, Dan (1978): Strategy Formulation. Analytical Concepts. St. Paul: West Publishing Company.

Hunger, J. David; Wheelen, Thomas L. (1996): Strategic Management. 5. Aufl. Reading, Menlo Park, New York: Addison-Wesley.

Hussey, David (1998): Strategic Management. From Theory to Implementation. 4. Aufl. Oxford, Boston, Johannesburg: Butterworth Heinemann.

Inkpen, Andrew; Choudhury, Nandan (1995): The Seeking of Strategy Where it is Not. Towards a Theory of Strategy Absence. In: *Strategic Management Journal* 16, S. 313–323.

Jarzabkowski, Paula; Balogun, Julia; Seidl, David (2007): Strategizing. The Challenge of a Practice Perspective. In: *Human Relations* 60, S. 5–27.

Kaplan, Robert S.; Norton, David P. (2001): The Strategy-Focused Organization. How Balanced Scorecard Companies Thrive in the New Business Environment. Boston: Harvard Business School Press.

Kieser, Alfred; Leiner, Lars (2009): On the Impossibility of Collaborative Research – and on the Usefulness of Researchers and Practitioners Irritating each Other. Mannheim: Unveröff. Ms.

Kieserling, André (2004): Sechs Vorlesungen über Schichtung. Mainz: Unveröff. Ms.

Kirsch, Werner (1997): Strategisches Management. Herrsching: Barbara Kirsch Verlag.

Kolbusa, Matthias (2012): Der Strategie-Scout. Komplexität beherrschen, Szenarien nutzen, Politik machen. Wiesbaden: Gabler.

Kolbusa, Matthias (2013): Umsetzungsmanagement. Wieso aus guten Strategien und Veränderungen häufig nichts wird. Wiesbaden: Springer Fachmedien.

Kühl, Stefan (2003): Das Theorie-Praxis Problem in der Soziologie. In: *Soziologie* 4, S. 7–20.

Kühl, Stefan (2008): Coaching und Supervision. Zur personenorientierten Beratung in Organisationen. Wiesbaden: VS Verlag für Sozialwissenschaften.

Kühl, Stefan (2011): Organisationen. Eine sehr kurze Einführung. Wiesbaden: VS Verlag für Sozialwissenschaften.

Kühl, Stefan (2015a): Gesellschaft der Organisation, organisierte Gesellschaft, Organisationsgesellschaft. Zu den Grenzen einer an Organisationen ansetzenden Zeitdiagnose. In: Maja Apelt und Uwe Wilkesmann (Hg.): Die Zukunft der Organisationssoziologie. Wiesbaden: Springer VS, S. 73–92.

Kühl, Stefan (2016a): Laterales Führen. Eine sehr kurze organisationstheoretisch informierte Einführung in Macht, Verständigung und Vertrauen. Wiesbaden: Springer Gabler.

Kühl, Stefan (2016b): Leitbilder erarbeiten. Eine sehr kurze organisationstheoretisch informierte Einführung. Wiesbaden: Springer Gabler.

Kühl, Stefan (2015b): Sisyphos im Management. Die vergebliche Suche nach der optimalen Organisationsstruktur. 2. Aufl. Frankfurt a. M., New York: Campus.

Langer, Thomas; Weber, Martin (1999): Entscheidungsanalyse. In: Alfred Kieser und Walter A. Oechsler (Hg.): Unternehmenspolitik. Stuttgart: Schäffer-Poeschel, S. 31–89.

Levy, David (1994): Chaos Theory and Strategy: Theory, Application, and Managerial Implications. In: *Strategic Management Journal* 15, S. 167–178.

Lindblom, Charles E. (1965): The Intelligence of Democracy. New York: Macmillan.

Luhmann, Niklas (1964a): Funktionen und Folgen formaler Organisation. Berlin: Duncker & Humblot.

Luhmann, Niklas (1964b): Zweck – Herrschaft – System. Grundbegriffe und Prämissen Max Webers. In: *Der Staat* 3, S. 129–158.

Luhmann, Niklas (1969): Unterwachung. Oder die Kunst, Vorgesetzte zu lenken. Bielefeld: Unveröff. Ms.

Luhmann, Niklas (1971): Reform des öffentlichen Dienstes. In: Niklas Luhmann (Hg.): Politische Planung. Opladen: WDV, S. 203–256.

Luhmann, Niklas (1972): Rechtssoziologie. Reinbek: Rowohlt.

Luhmann, Niklas (1973): Zweckbegriff und Systemrationalität. Frankfurt/M.: Suhrkamp.

Luhmann, Niklas (1981): Organisation im Wirtschaftssystem. In: Niklas Luhmann (Hg.): Soziologische Aufklärung 3. Soziales System, Gesellschaft, Organisation. Opladen: WDV, S. 390–414.

Luhmann, Niklas (1984): Soziale Systeme. Frankfurt/M.: Suhrkamp.

Luhmann, Niklas (1988): Organisation. In: Willi Küpper und Günther Ortmann (Hg.): Mikropolitik. Macht und Spiele in Organisationen. Opladen: WDV, S. 165–186.

Luhmann, Niklas (2000): Organisation und Entscheidung. Opladen: WDV.

March, James G. (1976): The Technology of Foolishness. In: James G. March und Johan P. Olsen (Hg.): Ambiguity and Choice in Organizations. Bergen: Universitetsforlaget, S. 69–81.

March, James G. (2015): The First 50 Years and the Next 50 Years of A Behavioral Theory of the Firm. An Interview With James G. March. In: *Journal of Management Inquiry* 24, S. 149–155.

Mayntz, Renate (1963): Soziologie der Organisation. Reinbek: Rowohlt.

Mintzberg, Henry (1978): Patterns in Strategy Formation. In: *Management Science* 24, S. 934–948.

Mintzberg, Henry (1987): Crafting Strategy. In: *Harvard Business Review* 4, S. 66–75.

Mintzberg, Henry (1990a): Strategy Formation. Schools of Thought. In: J. W. Fredrickson (Hg.): Perspectives on Strategic Management. New York: Harper & Row, S. 105–235.

Mintzberg, Henry (1990b): The Design School. Reconsidering the Basic Promises of Strategic Management. In: *Strategic Management Journal* 11, S. 171–195.

Mintzberg, Henry (1994): The Rise and Fall of Strategic Planning. New York: Free Press.

Mintzberg, Henry (2014): Five Ps for Strategy. In: Joseph Lampel, Henry Mintzberg, James B. Quinn und Sumantra Ghoshal (Hg.): The Strategy Process. Concepts, Contexts, Cases. 5. Aufl. Harlow, London, New York: Pearson, S. 3–9.

Mintzberg, Henry; Ahlstrand, Bruce; Lampel, Joseph (1999): Strategy Safari. Eine Reise durch die Wildnis des strategischen Managements. Wien: Ueberreuter.

Mintzberg, Henry; Ahlstrand, Bruce; Lampel, Joseph (2005): Strategy Safari: A Guided Tour Through The Wilds of Strategic Mangament: Simon & Schuster.

Mintzberg, Henry; McHugh, Alexandra (1985): Strategy Formation in an Adhocracy. In: *Administrative Science Quarterly* 30, S. 180–197.

Mintzberg, Henry; Waters, James A. (1985): Of Strategies, Deliberate and Emergent. In: *Strategic Management Journal* 6, S. 257–272.

Neus, Werner; Nippel, Peter (1996): Was ist strategisch am strategischen Verhalten? In: *Zeitschrift für betriebswirtschaftliche Forschung* 48, S. 423–441.

Nicolai, Alexander T. (2000): Die Strategie-Industrie. Systemtheoretische Analyse des Zusammenspiels von Wissenschaft, Praxis und Unternehmensberatung. Wiesbaden: DUV Deutscher Universitäts-Verlag.

Noda, Tomo; Bower, Joseph L. (1996): Strategy Making as Iterated Processes of Resource Allocation. In: *Strategic Management Journal* 17, S. 159–192.

Nordsieck, Fritz (1932): Die schaubildliche Erfassung und Untersuchung der Betriebsorganisation. Stuttgart: C. E. Poeschel.

Perrow, Charles (1961): The Analysis of Goals in Complex Organizations. In: *American Sociological Review* 26, S. 854–866.

Peters, Thomas J.; Waterman, Robert H. (1982): In Search of Excellence. New York: Harper & Row.

Pfeffer, Jeffrey; Salancik, Gerald R. (1978): The External Control of Organizations. A Resource Dependence Perspective. New York: Harper & Row.

Prahalad, C. K.; Hamel, Gary (1990): The Core Competence of the Corporation. In: *Harvard Business Review* 68, S. 79–91.

Quinn, James B. (2014): Strategies for Change. In: Joseph Lampel, Henry Mintzberg, James B. Quinn und Sumantra Ghoshal (Hg.): The Strategy Process. Concepts, Contexts, Cases. 5. Aufl. Harlow, London, New York: Pearson, S. 9–15.

Radtke, Jacqueline (2015): Strategie jenseits zweckrationaler Verengungen. Fallbeispiele. Bielefeld: Unveröff. Ms.

Rumelt, Richard (2011): Good Strategy, Bad Strategy. The Difference and Why it Matters. New York: Crown Business.

Sarasvathy, Saras D. (2001): Causation and Effectuation. Toward a Theoretical Shift from Economic Inevitability to Entrepreneurial Contingency. In: *Academy of Management Review* 26, S. 243–263.

Schendel, Dan E.; Hofer, Charles W. (1979): Strategic Management. A New View of Business Policy and Planning. Boston: Little, Brown & Company.

Schilling, Melissa A. (2013): Strategic Management of Technological Innovation. 4. Aufl. New York: McGraw-Hill Irwin.

Schneck, Ottmar (2000): Betriebswirtschaft. Was Sie für die Praxis wissen müssen. Frankfurt a. M., New York: Campus.

Schnelle, Wolfgang (2006): Diskursive Organisations- und Strategieberatung. Norderstedt: BoD.

Schreyögg, Georg (1984): Unternehmensstrategie. Grundfrage einer Theorie strategischer Unternehmensführung. Berlin, New York: Walter de Gruyter.

Schreyögg, Georg (1998): Strategische Diskurse: Strategie-entwicklung im organisatorischen Prozess. In: *Organisationsentwicklung* 4, S. 32–43.

Seidl, David (2007): General Strategy Concepts and the Ecology of Strategy Discourses. A Systemic-Discursive Perspective. In: *Organization Studies* 28, S. 197–218.

Simon, Herbert A. (1957): Administrative Behavior. 2. Aufl. New York: The Free Press.

Staehle, Wolfgang H. (1980): Management. Eine verhaltens-wissenschaftliche Einführung. München: Vahlen.

Starbuck, William H. (1982): Congealing Oil. Inventing Ideologies to Justify Acting Ideologies Out. In: *Journal of Management Studies* 19, S. 3–27.

Steiner, George A. (1969): Top Management Planning. New York: Macmillan.

Stewart, Matthew (2009): The Management Myth. Why the Experts Keep Getting it Wrong. New York: Norton.

Thompson, James D.; McEwen, W. J. (1958): Organizational Goals and Environment. In: *American Sociological Review* 23, S. 23–31.

Ulrich, Hans (1970): Die Unternehmung als produktives soziales System. 2. Aufl. Bern, Stuttgart: Haupt.

Weber, Max (1976): Wirtschaft und Gesellschaft. Tübingen: J. C. B. Mohr.

Weick, Karl E. (1987): Substitutes for Coporate Strategy. In: David J. Teece (Hg.): The Competitive Challenge. Strategies for Industrial Innovation and Renewal. Cambridge: Ballinger, S. 221–233.

Weick, Karl E. (1995): Sensemaking in Organizations. Thousand Oaks, London, New Delhi: Sage.

Whitley, Richard (1984): The Scientific Status of Management Research as a Practically-oriented Social Science. In: *Journal of Management Studies* 21, S. 369–390.

Whittington, Richard (1993): What is Strategy – and does it matter? London, New York: Routledge.

Whittington, Richard (1996): Strategy as Practice. In: *Long Range Planning* 29, S. 731–735.

Whittington, Richard (2003): The Work of Strategizing and Organizing. For a Practice Perspective. In: *Strategic Organization* 1, S. 117–125.

Whittington, Richard (2006): Completing the Practice Turn in Strategy Research. In: *Organization Studies* 27, S. 613–634.

Wild, Jürgen (1981): Grundlagen der Unternehmensplanung. 3. Aufl. Opladen: WDV.

Zimmer, Marco; Ortmann, Günther (2001): Strategisches Management, strukturationstheoretisch betrachtet. In: Günther Ortmann und Jörg Sydow (Hg.): Strategie und Strukturation. Strategisches Management von Unternehmen, Netzwerken und Konzernen. Wiesbaden: Gabler, S. 27–56.

Lektürehinweise – für ein organisationstheoretisch informiertes Verständnis von Organisationen

Unser Anspruch ist es, für Praktiker, die sich für einen organisationstheoretisch informierten Zugang zu Organisationen interessieren, ein umfassendes Angebot an aufeinander Bezug nehmenden Texten zur Verfügung zu stellen. Im Einzelnen besteht dieses Angebot aus folgenden Bausteinen:

Eine grundlegende Einführung in ein systemtheoretisches Verständnis von Organisationen

Kühl, Stefan (2011): *Organisationen. Eine sehr kurze Einführung*. Wiesbaden: VS Verlag für Sozialwissenschaften.

Grundlegend zur Rolle von Macht, Verständigung und Vertrauen in Organisationen

Kühl, Stefan (2016): *Laterales Führen. Eine kurze organisationstheoretisch informierte Handreichung zu Macht, Vertrauen und Verständigung*. Wiesbaden: Springer VS.

Anwendungen auf verschiedene Anlässe in Organisationen

Kühl, Stefan; Muster, Judith (2015): *Organisationen gestalten. Eine kurze organisationstheoretisch informierte Handreichung*. Wiesbaden: Springer VS.

Kühl, Stefan (2016): *Leitbilder erarbeiten. Eine kurze organisationstheoretisch informierte Handreichung*. Wiesbaden: Springer VS.

Kühl, Stefan (2016): *Strategien entwickeln. Eine kurze organisationstheoretisch informierte Handreichung*. Wiesbaden: Springer VS.

Kühl, Stefan (2016): *Märkte explorieren. Eine kurze organisationstheoretisch informierte Handreichung*. Wiesbaden: Springer VS.

Kühl, Stefan (2016): *Projekte führen. Eine kurze organisationstheoretisch informierte Handreichung*. Wiesbaden: Springer VS.

In den nächsten Jahren kommen in der Reihe Springer Essentials jeweils noch kurze organisationstheoretisch informierte Einführungen zu Interaktionsarchitekturen (z. B. Workshops, Großkonferenzen, Webkonferenzen) und zu Tätigkeiten in Organisationen (z. B. Managen, Führen, Beraten, Moderieren, Präsentieren, Evaluieren, Vergleichen) hinzu.

Organisationstheoretisch informierte Einmischungen in die aktuellen Managementdiskussionen

Kühl, Stefan (2015): *Wenn die Affen den Zoo regieren. Die Tücken der flachen Hierarchien*. 6., aktual. Aufl., Frankfurt a. M., New York: Campus.

Kühl, Stefan (2015): *Das Regenmacher-Phänomen. Widersprüche im Konzept der lernenden Organisation*. 2., aktual. Aufl., Frankfurt a. M., New York: Campus.

Kühl, Stefan (2015): *Sisyphos im Management. Die vergebliche Suche nach der optimalen Organisationsstruktur.* 2., aktual. Aufl., Frankfurt a. M., New York: Campus.

Überblick über die zentralen Bücher und Artikel der Organisationsforschung

Kühl, Stefan (Hg.) (2015): *Schlüsselwerke der Organisationsforschung.* Wiesbaden: Springer VS.

Überblick über quantitative und qualitative Methoden zum Verständnis von Organisationen

Kühl, Stefan; Strodtholz, Petra; Taffertshofer, Andreas (Hg.) (2009): *Handbuch Methoden der Organisationsforschung.* Wiesbaden: VS Verlag für Sozialwissenschaften.

Englische Fassungen werden zu allen diesen Beiträgen entstehen oder sind bereits entstanden. Unveröffentlichte Vorfassungen können unter quickborn@metaplan.com angefordert werden.

Printed in the United States
By Bookmasters